혼자서 끝내는
논술 공부

혼자서 끝내는
논술 공부

구조를
알면
공부법이
보인다

오준호 지음

미지북스

논술 혼자서 할 수 있을까

대입에 논술이 도입된 지 20여 년, 통합 논술 형태로 출제된 지 10여 년이 다 되어 간다. 그런데도 여전히 논술은 무언가 신비한 과목, 오리무중인 과목, 시험 날의 운에 맡기거나 평소 암기한 배경지식에 의존해야 하는 과목으로 여겨진다. 그리고 이런 오해 탓에 논술은 오랫동안 사교육 없이는 공부할 수 없는 과목이었다. 이 모든 것이 논술에 제대로 된 방법론이 나타나지 않았기 때문이다. 교육 당국이 방법론을 연구하여 공교육 현장에 전파했어야 하지만, 그러지 않았기에 혹은 그러지 못했기에 논술 전문 학원이 논술 공부의 필수 코스처럼 되어 버렸다.

필자는 서울 강남구 대치동 논술 전문 학원에서 6년간 통합 논술을 연구하고 가르쳤으며 수천 장이 넘는 학생들의 답안지를 첨삭하고 진로 상담을 해 왔다. 필자를 거쳐 간 숱한 학생들이 논술의 벽을 뛰어넘어 명문대에 착지하는 데 성공했다. 그러면서 논술에 대한 학생들의 신비화와 그 이면의 두려움을 해소하기 위해 일반적인 방법론을 정리해야겠다는 생각을 했다. 모든 과목이 단계별·유형별 방법론이 있는데 논술만 마치 '독서와 사색'의 결과물인 것처럼 말하는 것은 잘못이다. 논술에는 일반화될 수 있는 방법론이 있다.

이 책에 담긴 논술 방법론이 전적으로 필자만의 연구 성과라고 할 수는 없다. 이 책을 위해 그렇게 한 것은 아니지만 오랜 기간 여러 강사들과 토론하고 교류하며 조금씩 틀이 잡혔다. 하지만 강사마다 실제 수업에서 설명 방식이 다르고 구체적인 내용도 천차만별이었다. 논술 초보자들도 일목요연하게 이해할 수 있는 '유형별 논술 방법론'을 정리하고 책으로 구성한 것은 이번이 처음이다.

학생들 가운데 자신의 논술 실력이 형편없다고 믿는 사람은 오히려 지금 최고의 출발점에 서 있다. 논술에 대한 선입견이나 굳어진 '자기 스타일' 없이 백지 위에 그리는 그림처럼 자신을 만들어 갈 준비가 된 것이기 때문이다. 그런 사람은 이 책을 읽고 반복 연습을 통해 반드시 실력이 늘 것이라 기대한다. 한편 자신의 '논술감'을 과신하는 학생이라면, 이 책에 실린 논제들을 한번 먼저 풀어 본 다음 해설을 읽어 보기 바란다. 자신이 관성적으로 풀어 온 방식과 뭔가 다르다는 깨달음이 온다면 속는 셈치고 이 책에서 권하는 논술 방법론을 꼼꼼히 읽은 후에 다시 풀어 보라. 두 답안의 차이를 빨리 알아차릴수록 발전 가능성이 높다.

부디 논술의 실체를 모른 채 '운'과 '감'에 대입이라는 중요한 인생사를 맡기지 말기를 바란다. 다른 과목이 그렇듯이, 유형과 단계별 학습 과정을 알면 '운'과 '감'이 아니라 정확한 자기 분석과 학습 계획으로 만반의 준비를 할 수 있다. 논술에 덮인 베일을 걷자. 이제 더 이상 논술을 두려워할 필요가 없다.

2014년 8월

오준호

입문

논술에
들어서는 자,
기억하라

:: 1장 ::

논술에 대한 오해와 편견

논술로부터 배신당하기 싫은가? 그러면 논술에 대한 오해와 편견을 버리자! 여기 논술에 대한 다섯 가지 오해가 있다.

첫째, 논술에는 뾰족한 방법이 없다

둘째, 논술은 독서와 사색을 많이 하면 저절로 된다

셋째, 논술은 내 생각 쓰기다

넷째, 논술은 학과목 이상의 것이다

다섯째, 논술은 로또다

가장 큰 오해, "논술에는 뾰족한 방법이 없다"

지금으로부터 2,400년 전쯤에 살았던 아리스토텔레스는 연극광이었나 보다. 그는 수천 편의 비극을 관람한 후 『시학』이란 책을 썼다. 이전까지 시나 비극은 천상의 이데아(만물의 이상적인 원형)를 엿본 소수의 천재나 광인만이 쓸 수 있는 것으로 여겨졌다. 시인들은 인간 능력 밖의 것을 갖고 있는 자로 여겨졌기에 플라톤은 이들을 공화국의 시민과 다르다 여겨 추방할 것을 주장했다. 하지만 플라톤의 제자 아리스토텔레스는 다르게 생각했다. 그는 비극을 '시작-중간-끝'이라는 플롯을 가진 창작물로 분석했고, 신에게 선택받지 않은 보통 사람도 창작법을 잘 익히면 누구나 만들 수 있는 것이라고 주장했다. 비극에서 신비를 벗겨 냄으로써 최초의 문예 창작 이론을 제시한 것이다. 오늘날 신춘문예 등단을 꿈꾸는 수많은 예비 작가들은 아리스토텔레스에게 조금씩 빚을 지고 있는 셈이다.

대입 논술이 시작된 지 20년째다. '통합교과형 논술(통합 논술)'이라는 이름이 일반화된 지도 꽤 되었다. 그런데도 여전히 많은 수험생, 학부모, 교사들은 논술에는 뾰족한 방법이 없다고 생각한다. 왜 그렇게 생각할까? 일단 대학 측이 제시하는 논술 시험 출제 의도를 보자.

고려대학교 논술 고사(인문계) 출제의 기본 방향
- 제시된 글들을 정확하게 이해하고 비교하는 능력
- 논리적인 사고를 통해 제시된 글들 간의 관계를 파악하고, 자신의 생각을 창의적으로 논술하는 능력

- 인간 및 사회 현상의 분석을 위한 기초 수리적 사고 능력

연세대학교 논술 해설
- 주어진 제시문에 대한 독해력과 분석력, 주어진 문제를 해결하기 위한 논리적 사고와 이를 종합하는 독창적이고 창의적인 사고력을 평가하는 것을 그 목적으로 하였다.

한양대학교 논술 출제 의도
- 본 논술 문제는 철학 분야 고전, 설명적인 글, 그리고 개인적 주장이 담긴 글을 두루 독해할 수 있는 능력과, 이에 대한 추론과 비판, 창의적 적용 능력과 표현 능력을 종합적으로 평가하고자 하는 목적으로 구성되었다.

대학들은 독해력, 사고력, 창의력, 표현력을 평가한다는 이야기를 공통적으로 하고 있다. 대학으로서는 할 말을 정확히 다 한 것이다. 동서양 고전을 수백 권 읽어야 한다는 이야기도 없고, 신춘문예에 등단할 정도로 화려한 글 솜씨가 필요하다는 이야기도 없다. 한마디로 학교 공부 열심히 한 사람이면 누구나 논술을 잘 할 수 있다는 이야기다. 독학으로도? 독학으로도 가능하다!

그런데 사람들은 좀 오해를 한다. 논술을 하려면 독해력, 사고력, 창의력, 표현력을 향상해야 하는데, 어떻게 해야 향상할 수 있는가? 여기서 막막해 한다. 방송이나 학원에서 "사고력 향상", "창

의력 증진" 같은 말을 늘 떠들지만 막상 그 능력을 향상해야 하는 당사자는 답답하다. "좀 창의적으로 사고해 봐."보다 모호한 요구가 어디 있을까. 그러니 논술에는 목표는 있으되 방법은 없다는 체념을 하게 된다. 논술은 신비화된다.

사실은 거꾸로다. 독해력, 사고력, 창의력, 표현력을 키워야 논술을 잘하는 게 아니라, 논술을 잘하려고 하다 보면 그런 능력들이 따라서 길러진다. 잘 쓴 논술 답안지는 필연적으로 창의적이고 논리적인 사고력을 보여 준다. 우리는 애매모호한 능력을 어떻게 키울까 고민하지 말고 논술을 어떻게 잘 쓸까 고민하면 된다. 인간이 하는 모든 일이 그렇듯이, 그것을 못하는 사람이 보면 신기해 보여도 알고 보면 다 방법이 있다. 기억하라, 논술은 시험이다! 그리고 논술 시험을 잘 보는 방법은 그리 복잡한 게 아니다.

둘째, "논술은 평소 독서와 사색을 많이 하면 저절로 된다"

이것은 논술에 특별한 방법이 없다고 생각하는 사람들이 자주 하는 말이다. 결론부터 말하자면 이 말은 백 퍼센트 옳은 말이면서 또 백 퍼센트 틀린 말이다.

독서가 논술 능력의 바탕이 된다는 것은 충분히 받아들일 수 있다. 하지만 시험으로서 논술을 잘 치려면 그것만으로는 절대 부족하다. 별도로 논술의 방법을 익혀야 한다.

이런 비유를 들어 보자. 트럼펫을 잘 불려면 어떻게 해야 할까? 평소 트럼펫 연주를 많이 들으면 자연스럽게 트럼펫을 잘 불게 될까? 좋은 트럼펫 연주자는 평소 남의 연주를 많이 듣는 습관을 갖고 있을 확률이 높다. 그러나 남의 연주를 많이 듣는다고 자연스럽게 트럼펫을 잘 불 수 있는 것은 아니다. 악보 보는 법, 손가락 짚는 법, 호흡법 등등 수많은 기술을 인내심을 갖고 익히지 않으면 절대로 훌륭한 연주자가 될 수 없다.

논술도 마찬가지다. 논술을 잘하려면 구체적인 방법을 찾아 꾸준히 연마해야 한다. '독서와 사색'은 말하자면 오디오로 트럼펫 연주를 듣는 것과 같다. 하지만 구체적 방법을 익히지 않으면 그것만으로 논술을 잘할 수는 없다. 냉정하게 말하면, 평소에 책을 많이 못 읽은 사람도 방법만 성실히 익혀 연습하면 어느 정도의 수준에 오를 수 있다. 반대로 논술 공부에 많은 시간을 투자하더라도 제대로 된 방법론에 입각하지 않으면 성과를 내기 힘들다.

내가 논술을 가르쳐 본 학생들 가운데 가장 안타까운 경우가 이런 것이다. 한 학생은 지적 욕구도 넘치고 실제로 독서량도 대단했다. 위르겐 하버마스 같은 어려운 철학자들을 고교 시절에 읽었다. 내신 성적이 조금 떨어져 그것을 상쇄하고자 논술에도 열심이었다. 그런데 지적 자존심인지 자만심인지, 자기가 읽은 책을 아직 읽지 못한 내가 자기를 가르치는 것은 말이 안 된다고 여겼는지, 나의 방법론 강의를 무시하고 오로지 자기 스타일만 고집했다. 특히 자기가 책에서 읽은 배경지식을 억지로 글에 끌어들이는 버릇이 있었다. 그런데 논제가 요구하는 것과 제시문의 맥락에서 벗어나 배경지식을 자랑하는 답안은 현행 입시에서는 탈락 1순위다. 그것은 말하자면 지정곡을 연주하라는 과제에 악보에도 없는 명곡의 일부를 중간중간 끼워 넣는 것과 비슷하다. 결국 그 학생은 논술 시험에 떨어졌다. 반면 평소 독서를 많이 하지 못했다고 부끄러워하며 방법론을 성실히 익힌 학생들은 척척 합격했다.

물론, 남의 연주도 많이 듣고 차근차근 연주 방법을 익힌 사람이 명연주자가 될 가능성이 높은 것처럼 평소 책을 많이 읽는 사람이 논술 방법론도 잘 익힌다면 금상첨화다. 하지만 입시를 앞둔 고등학생에게 다독을 권하는 것은 비현실적이다. 하루에 10~20분의 짧은 시간이라도 꾸준히 독서함으로써 사고의 긴장을 유지하는 것이 좋다.

셋째, "논술은 내 생각 쓰기다"

"남의 생각 말고 네 생각을 써라."고들 한다. 이 역시 좋은 말이지만, 현행 논술에서 꼭 맞는 말은 아니다. 완전히 독창적인 내 생각 같은 게 과연 있는지는 차치하고라도 천상천하 유아독존 식으로 쓴 논술은 대개 빵점이기 때문이다. 대학의 채점 기준 1순위는 "논제의 요구와 제시문의 내용에 충실할 것"이다. 논술은 기본적으로 '남의 생각'을 요약하고 비교하고 활용한 바탕에 '내 생각'을 아주 조금 가미하는 것이다.

다시 말해 현행 논술 시험에서 '자기 생각'을 쓴다는 것은 매우 제한된 방향과 재료를 가지고 생각하라는 의미다. 여기서 제한된 조건이란 바로 '논제'와 '제시문'이다. 이렇게 말하면 현행 논술이 창의성을 억누른다고 생각할지 모른다. 하지만 오히려 이것은 입시에서 최대한 평등한 조건을 강제하기 위한 것이다.

이런 비유를 들어 보자. 당신이 무인도에 표류했다. 소지품은 나침반과 작은 주머니칼뿐이다. 주변에는 야생 동식물과 자연 그대로의 지형지물밖에 없다. 당신이 모든 게 다 갖추어진 주방에서 이탈리아식 송아지 고기 스테이크를 끝내주게 만들 줄 안다는 것은 이 상황에서 아무런 소용이 없다. 컴퓨터 캐드CAD 프로그램으로 100층짜리 빌딩을 설계할 줄 안다는 것도 소용이 없다. 오직 주어진 도구와 주어진 재료로 살아남아야 한다. 나무를 비벼 불을 붙이고 덫을 놓아 작은 짐승을 잡아야 한다.

창의성이란 무인도에 누워 상상력으로 궁전을 짓는 게 아니다. 한정된 도구와 재료로 당장 살아남는 방법을 찾는 것, 그게 창의성이다. 논술에서 수험생에게 요구하는 창의성이 이것과 비슷하다. 무한정 시간을 주고 평생 읽은 독서량이나 사색의 수준을 확인하는 게 아니라 두세 줄짜리 논제, 네다섯 개의 제시문, 2000자가량의 원고지 분량, 대략 두 시간의 시험 시간이라는 한정된 조건에서 확인한다. 동서양 고전을 엄청 읽어 배경지식이 아무리 많아도 이 상황에서 써먹을 수 있는 것은 많지 않다. 필요한 것은 지식의 양이나 심오한 철학이 아니라 논제의 의도를 정확히 읽고 제시문의 주장과 정보를 활용해 질문에 답하는 능력이다. 호텔 주방에서 최고급 요리를 만들라는 게 아니라 주머니칼 하나 들고 무인도에서 끼니를 해결해 보란 것이다. 논제의 요구를 잘 따져 보지도 않고 자유분방하게 제 생각을 펼치다간 망한다.

예컨대 논술은 "백지에 무엇이든 자유롭게 그리시오."가 아니다. "두 개의 원과 한 개의 삼각형을 이용해 원숭이에게 먹이를 효율적으로 줄 수 있는 도구를 1분 내에 그리시오." 같은 것이다. 논술의 창의성은 이처럼 '문제를 해결하는 능력'이다. 무에서 유를 창조하는 게 아니라 유를 활용하고 가공하여 새로운 유를 제시하는 것이다. 미리 주어진 타인의 생각을 요약, 비교, 설명, 비판, 활용하면서 거기에 약간의 자기 주관을 첨가할 뿐이다. 그 정도로 변별력이 있을까? 있다. 그것도 무척 크게. 그래서 대학들이 논술 시험을 버리지 못한다. 논술이 사교육을 부추긴다는 비판과 정부의 논술 축소 압박에도 불구하고 2015학년도 입시에서 논술 전형 모집자는 2014년에 비해 45명 줄어드는 데에 그쳤다.(1만 7,534명에서 1만 7,489명.)* 논술 시험을 치르는 대학은 30개 대학에서 올해 32개 대학으로 오히려 늘었다.

---

* 2017학년도 논술 전형 모집자는 28개 대학에서 1만 4,861명이다. 이는 2016학년도 모집자 1만 5,349명보다 약간 감소한 것이지만 전체 수험생의 숫자도 감소했으므로 논술의 비중은 변하지 않았다.

넷째, "논술은 학과목 이상의 것이다"

"(…) 이처럼 논술은 단지 시험을 위한 공부가 아니라 '생각하는 시민', '성숙한 인간'으로 성장할 수 있는 발판이 되는 학문이다. 문제의식도 없고 공부도 덜 된 지식상인들이 가르치는 어설픈 글쓰기 기술 위주의 논술에서 벗어나, 학생들이 전문적 지식을 습득하기 전에 훌륭한 교양인이 될 수 있도록 하는 것이 저자의 작은 소망이다."

_논술 강사 C씨가 쓴 논술 교재 소개 글

윗글을 보면 논술이 얼마나 신비화되어 있는지 알 수 있다. 교사, 강사, 학생, 학부모, 논술과 별 관련 없는 사람들까지 논술을 시험 과목 이상의 것으로 부풀리기를 좋아한다. 논술을 인성 교육이나 가치관 교육으로 주장하는 사람들도 있다. 논술 문제에서 '나눔의 정신'이나 '건전한 국민의식'을 다루는 내용을 출제함으로써 젊은이들에게 올바른 의식을 유도하자는 이야기도 있다. 어떤 교재는 "논술은 건전한 민주 시민을 양성하기 위한 시험"이기에 "민주 시민의 사고방식을 모르고는 논술을 잘 볼 수 없다."고도 한다.

왜 논술만 유독 고상한 과목이라고 이야기하는 것일까? 논술은 수학, 국어, 영어처럼 학과목이고 시험 과목이다. 측정 기준이 있고 습득 방법이 있다. 수학 시간에 "수학은 단지 학과목이 아니야.

이건 인간으로 올바로 살아가기 위한 길이야."라는 말을 늘어놓는 교사는 별로 없다. 하지만 그렇다고 수학이 실제 인간의 삶에 덜 중요한가? 막말로 논술을 못해도 살지만 수학을 못하면(계산을 못 하거나 확률에 무지하면) 매번 돈 계산에 속을 것이고 무모한 선택을 일삼다가 큰 손해를 볼 것이다.

수학만 그런가? 학교에서 배우는 과목은 기본적으로 모두 우리가 살아가는 데에 필요한 것이다. 한국에서는 입시라는 계기로 이 과목들의 학습을 측정하므로 입시 경쟁이 낳는 폐해나 부작용이 많은 것도 사실이다. 이 자리에서 입시 경쟁의 문제까지 이야기할 생각은 없다. 어쨌든 입시를 치려면, 그리고 입시에 수학, 영어, 국어와 마찬가지로 논술이 중요한 과목으로 들어 있는 이상, 논술이 신비화되는 것보다 논술의 방법과 기술이 보다 자세히 밝혀지는 게 필요하다. 그래서 비싼 학원을 다닐 여력이 없는 학생들도 누구나 그 방법만 잘 익히면 좋은 점수를 받게 해야 한다. 입시라는 조건하에서는 그것이 그나마 평등에 다가가는 길이다. 논술을 무슨 인간성을 높이는 학문인양 말하며 논술을 신비화할수록 논술 방법론은 강남의 고액 학원가에서나 전수되는 은밀한 비법이 되고 만다. 논술에서 신비주의를 벗기자. 누구나 이해하고 자기 것으로 체득할 수 있는 논술 방법론의 전달, 그것이 이 책의 목적이다.

다섯째, "논술은 로또다"

"내신 4, 5등급인데 논술로 서울 지역 명문대에 들어갔다."는 소식이 가끔 들려 온다. 논술은 확실히 내신이나 수능 성적이 상대적으로 약한 학생들에게 역전의 기회를 준다. 상위권 대학의 논술 전형에서는 수능 최저 기준을 충족했을 경우 학생부 1~5등급 사이에서 반영되는 내신 점수 차이가 미미하다. 논술 반영 비율이 높은 전형이라면 논술 점수로 내신의 불리함을 충분히 뒤집을 수 있다.

그런데 수능과 학생부 점수가 낮은 학생은 대체로 논술 실력도 부족하다는 게 문제다. 자신의 논술 실력은 생각지 않고 낮은 내신을 논술로 뒤집은 몇몇 사례만 보면서 논술을 '로또'처럼 생각하는 학생들이 있다. 그래서 무모한 자신감을 갖거나 논술 시험 당일의 컨디션만 믿고 경쟁률 센 대학교나 학과로 돈키호테처럼 달려가곤 한다.

논술은 자기 최면에 걸리기 쉬운 과목이다. 다른 과목은 풀이 방법을 모르면 아예 답을 쓸 수 없거나 써 놓고도 직감적으로 '망했다'는 생각이 들지만, 논술은 엉뚱한 답을 황당하게 써 놓고도 '음, 이만하면 잘 썼지?'란 생각이 드는 유일한 과목이다. 그래서 이런 자기만족적인 글쓰기를 몇 번 해 보고 자기 논술 실력을 과신하는 학생이 많다. 대학의 논술 시험 경쟁률이 어마어마하게 높은 것은 놀랄 일이 아니다.

그럼에도 현행 입시 제도에서 내신과 수능의 불리함을 극복하는 거의 유일한 무기는 논술이다. 그러려면 논술을 잘 써야 하고, 논술을 잘 쓰려면 체계적으로 준비를 해야 한다. 준비는 일찍 할수록 좋고 고3에 들어서면 일주일에 기출 문제 하나씩은 꼬박꼬박 풀어 보며 대비해야 한다. 더불어 아직 시간이 있다면 내신과 수능을 포기하지 말아야 한다. 서울 소재 대학에 안정적으로 지원하기 위해선 내신을 2등급 안쪽으로 맞춰 놓는 게 좋다. 게다가 수능·내신 공부가 점수만 남고 머릿속에서 사라지는 것이 아니라 논술의 배경지식으로 다 활용이 된다.

　내신 점수가 낮고 논술을 체계적으로 공부하지 못한 학생이라면 일단 수능 최저 기준을 맞추는 것을 목표로 공부하면서 이 책의 방법론을 '마지막 동아줄'이라고 생각하고 정독해서 읽어야 한다. 수능 최저 기준조차 보지 않고 논술로만 학생을 뽑는 대학도 있지만 그런 곳에는 오랫동안 논술을 준비해 온 논술 강자들이 몰린다는 것도 고려해야 한다. 방법론을 익히고 논술 기출 문제를 풀면서 짧은 시간에 효율적으로 논술 실력을 키우는 수밖에 없다. 남들이 방법론 없이 무작정 10시간 공부하고 있을 때, 방법론을 제대로 갖추고 알차게 효율적으로 1시간 공부하는 게 낫다.

::: **2장** :::

논술이란 무엇인가

논술에 대한 오해와 편견을 살펴보았다. 그럼 자연스럽게 "도대체 논술이란 무엇이냐?"는 질문이 나온다.

한 마디로 논술은 문제 해결을 위한 글쓰기다.

더도 덜도 아니고 딱 이것이 논술이란 시험의 핵심이다. 흔히 논술을 '창의적이고 논리적으로 자신의 생각을 표현하는 것'이라고 하는데, 틀린 말은 아니지만 이 말은 논술의 본질을 모호하게 만들기도 한다.

앞서 논술을 무인도에서 살아남기로 비유했다. 무인도에서는 계속해서 새로운 문제와 맞닥뜨리게 된다. 불을 어떻게 피울까, 비는 어떻게 피할까, 음식은 어떻게 구할까, 조난 신호는 어떻게 보낼까 등등. 무인도에서 주머니칼과 도구로 문제를 해결하듯 논술은 글로 문제를 해결한다. 문제를 잘 해결한 답은 필연적으로 창의적이고 논리적이다. 창의적이고 논리적인 글을 쓰려고 의식적으로 애쓴다고 해서 되는 것이 아니다. 다시 말해 문제 해결의 유형과 방법을 공부하다 보면 창의성이나 논리력은 자연스럽게 따라붙는다.

"논술이 '문제 해결을 위한 글쓰기'란 말은 너무 당연한 것 아냐? 당연히 제출된 문제를 푸는 건데."라고 지적할 사람이 있을 것같다. 그래서 뒤에서 본격적으로 방법론을 다루기 전에 '문제 해결을 위한 글쓰기'가 어떤 것인지 맛만 보고 가자. 아래의 논술 문제를 살펴보자. 두 인물의 자살에 관한 흥미로운 문제다.

문제 해결을 위한 글쓰기

| 건국대학교 2003학년도 정시 모집 논술 |

〈가〉

형(荊)나라 소왕(昭王) 때, 석저(石渚)라는 선비가 있었다. 사람됨이 공정하고 사사로운 정이란 것을 몰랐기 때문에 왕이 치안관으로 일을 보게 했다. 어느 날 길에서 사람이 죽은 사건이 생기자, 석저는 범인의 뒤를 밟게 되었다. 그런데 뜻밖에도 범인이 자기 아버지였다. 석저는 그대로 수레를 돌려 왕궁으로 나아갔다.

"살인범은 저의 아버지였습니다. 아버지를 제 손으로 잡는다는 것은 자식 된 도리로 차마 할 수 없었습니다. 하지만 범인에게 사사로운 정을 두는 것은 국법을 어기는 것으로 불가한 일입니다. 법을 범한 이상 벌을 받는 것이 신하 된 자의 도리입니다."

석저는 이렇게 말하고 형틀에 엎드려 왕에게 죽기를 청하였다. 그러자 왕이 말하였다.

"뒤를 쫓았으나 잡지 못한 것뿐이니 어찌 반드시 벌을 받아야 할 것인가. 계속해서 맡은 일에 충실하도록 하라"

하지만 석저는 사양하며 말하기를,

"아비에게 정을 두지 않으면 효자라고 할 수 없고, 임금을 섬기며 법을 굽힌다면 충신이라고 할 수 없습니다. 임금께서 그것을 용서하시는 것은 은혜로운 일이지만, 감히 국법을 어길 수 없는 것이 신하의 도리입니다." 하고 형틀에서 스스로 목숨을 끊었다.

_『여씨춘추』에서

〈나〉

몇 시간 전부터 자베르는 아주 간단한 일도 뚜렷하게 결론을 짓지 못하고 있었다. 그의 마음은 혼란에 빠져 있었다. 아무리 곤란한 일에 부딪혀도 그토록 단순하고 명쾌하던 그의 두뇌가 혼란에 빠진 것이다. 수정과 같은 맑은 머리에 먹구름이 낀 것이다. 자베르는 자신의 확고한 의무감이 산산조각이 난 것을 느꼈고, 자기 자신한테 이 사실을 속일 수가 없었다. 뜻밖에도 센 강변에서 장 발장과 우연히 마주쳤을 때, 그의 마음은 사냥감을 찾은 늑대와 같은 기분과, 주인과 다시 만난 사냥개와 같은 기분을 맛보았던 것이다.

그의 입장은 말로는 표현하기 어려운 것이었다. 악인에게 목숨을 구출받고, 그 빚을 갚는다. 본의 아니게도 범죄자와 동등한 입장이 되어서, "가라!"고 말해 주었던 자에게 이번에는 자기 쪽에서 그 은혜에 대한 답례로 "도망쳐라!"고 말하게 된 것이다. 자기의 양심에 충실하려고 한 것이 사회를 배신해 버린 것이다. 이런 부조리한 일이 모두 현실이 되어 그를 내리눌렀다.

이제 방금 자기가 저지른 일을 생각하면서 그는 몸서리쳤다. 명색이 자베르라는 이름의 그가 경찰로서 지켜야 할 모든 법규와 모든 사회적 및 법률적인 조직과 법률 조항을 완전히 어기고, 한 죄인을 자신의 의사에 따라 석방해 버린 것이다. 어처구니없는 일이었다. 어떻게 하면 좋은가? 남은 해결책은 단 한 가지. 급히 롬 아르메 거리로 되돌아가서 장 발장을 체포하는 일뿐이었다. 그러나 그렇게 할 수가 없었다. 무언가가 그의 길을 가로막고 서서 방해했다.

장 발장은 그를 당황하게 만들었다. 그의 일생의 지주가 되어 있던 공리(公理)가 하나도 남김없이 이 사나이 앞에서 무너져 버린 것이다. 여러 가지 다른 사실을 상기해 보니, 전에는 거짓말이나 미친 짓이라고 생각했던 일들이 지금은 진실같이만 생각되었다. 마들렌 씨의 모습이 다시 장 발장의 등 뒤에 나타나, 두 모습이 서로 겹쳐져 단 하나의 존경해야 할 모습으로 바뀌어 버렸다. 자베르는 무언가 무서운 것이 영혼 속에 스며드는 것을 느꼈다. 그것은 범죄자를 존경하는 감정이었다. 범죄자에 대한 존경, 그런 것이 있을 수 있을까? 그렇게 생각되자 몸이 떨렸다. 그의 가장 큰 괴로움은 확신을 갖지 못하게 된 일이었다. 왠지 모르게 뿌리째 뽑혀 버린 것 같은 느낌이었다. 그가 지금까지 의존해 왔던 법전도 이제 산산조각 난 파편이 되어 남아 있을 뿐이었다. 그리고 지금까지 느껴 본 적이 없는 불안한 기분에 사로잡혀 있었다. 지금까지 그의 단 하나의 척도였던 법률적인 확신과는 전혀 다른 감정적인 계시가 마음속에 끓어올랐다. 하나의 새로운 세계의 모습이 훤히 그의 영혼에 보였다. 즉, 그가 받은 자비를 갚아야 한다는 것, 헌신, 연민, 관용, 동정이 미치는 격렬한 힘에는 위엄조차도 무너져 버린다는 것, 인간을 존중하는 것, 결정적으로 사람을 심판해서는 안 된다는 것, 인간의 정의와는 반대로 나아가는 신의 정의 같은 것이 존재한다는 것을 깨달았다. 그는 어둠 속에서 미지의 도덕이라는 무서운 해돋이를 보았다. 그 해돋이가 무서워져서 눈이 아찔했다. 억지로 독수리의 눈을 갖게 된 올빼미처럼.

(…)

자베르는 암흑의 입구를 뚫어지게 응시하면서, 얼마 동안 꼼짝도 않고 있었다. 마음을 집중시키는 것처럼, 뚫어지게 보이지 않는 것을 바라보고 있었다. 물은 찰싹 찰싹 소리를 내고 있었다. 이윽고 그는 모자를 벗어 난간 언저리에 놓았다. 다음 순간, 검고 키 큰 사람 그림자가 난간 위에 똑바로 서서, 강물 쪽으로 몸을 구부렸다가 이내 다시 일어난 후에 어둠을 향해 똑바로 떨어졌다. 이어 희미하게 물이 튀는 소리가 들렸다. 그러나 물속으로 사라진 이 희미한 그림자의 충동적인 행위의 비밀을 알고 있었던 것은 암흑뿐이었다.

_빅토르 위고, 『레미제라블』에서

논제. 위 제시문에서 석저와 자베르가 처한 문제 상황과 대응 방식에 대해 자신의 견해를 논술하시오.

학원에서 만나는 여러 유형의 학생 가운데 '팔짱맨'들이 있다. 팔짱을 딱 낀 채 문제를 지긋이 노려보다가 어느 순간 '그분'이 오셨는지 바로 원고지에 써내려 가기 시작하는 학생들. 눈으로만 훑다가 손 가는 대로 쓰는 이런 답안지는 대부분 형편없다. 그런데 이 문제를 주면 그런 학생들이 많다. 제시문이 쉬우니까 술술 읽고 원고지로 곧장 뛰어 든다. 하지만 그러다가 금방 펜을 내려놓고 머리를 쥐어뜯는다. 뜨악한 표정들이다. 학생들은 이렇게 말한다. "논제가 무슨 말을 하는지 파악이 안 돼요."

만약 이 논제가 "여러분, 석저가 마음에 드나요, 자베르가 마음에 드나요?" 같은 일차원적인 질문이었다면 어떨까. 누구나 기분 내키는 대로 쉽게 대답했을 것이다. 하지만 그런 논제는 나오지 않는다. 그런 식으로는 대학이 학생의 사고력을 측정할 수 없기 때문이다. 논술이 '문제 해결을 위한 글쓰기'란 말은 일차원적 문제에 즉각적인 답을 제시하는 글쓰기를 뜻하는 게 아니다.

대학은 수험생의 문제 해결 능력을 보기 위해 여러 가지 꼼수를 쓴다. 논제를 꼬아 놓기도 하고, 겉으로는 쉬워 보여도 실은 그 아래 심층적인 논점을 깔고 있는 논제를 내기도 한다. 따라서 논제를 정확하고 깊이 있게 이해하는 것이 고득점을 향한 출발점이다.

마치 발사할 때의 각도 1도 차이로 우주선이 달에 도달할지 우주의 미아가 될지 정해지는 것처럼 말이다. 그래서 논제 분석에 충분한 시간을 들여야 한다. 논술 시험장에 갔을 때 주변 수험생들이 시험지를 받자마자 사각사각 원고지에 써내려 가고 있다고 해서 '망했다. 나 빼고 다 쉬운가 봐.'라고 생각하지 말아야 한다. 오히려 '이 시험에는 내가 유리하겠구나.'라고 생각해야 한다. 논술 초보자들만이 논제는 보는 등 마는 등 원고지부터 채우려 든다.

어떻게 논제를 완전히 이해하는 수준에 도달할 수 있는지는 차차 이야기하자. 어쨌든 대부분의 학생들은 이렇게 요약되는 답안을 쓴다.

"석저, 자베르는 자살을 했다. 자살은 나쁘다. 생명은 존엄한 가치인데 자살은 생명을 파괴하는 행동이기 때문이다. 따라서 석저, 자베르는 잘못된 행동을 한 것이다."

문제 파악 매뉴얼

자살이 잘못인지 아닌지는 잠시 제쳐 놓자. 이런 답안의 작성자는 문제 출제자가 왜 굳이 석저와 자베르의 사례를 내주었는지, 그게 무엇을 의미하는지 전혀 파악하지 못했다. 그러니 상투적인 주장에 머무르고, 더 할 말이 없으니 요구된 답안 분량마저 채우지 못하거나 "자살은 죄악"이라는 성경 말씀까지 인용해 가며 중

언부언 글을 늘이게 된다.

문제를 제대로 해결하는 학생이라면 이런 과정을 거친다.

첫째, 논제를 분석한다.

이 논제는 최종적으로 자신의 견해를 쓰라고 요구하고 있다. 즉 '견해 쓰기' 유형의 논제다.(각 유형에 대한 설명은 2부에서 상세히 소개한다.) 논제는 석저와 자베르라는 '두 인물'이 처한 '문제 상황과 대응 방식'에 대해서 자신의 견해를 쓰라고 말한다. 왜 굳이 두 명의 인물을 보여 주는 두 개의 제시문을 내주었을까? 분명 석저와 자베르가 처한 문제 상황과 대응 방식이 서로 다르기 때문일 것이다.

그렇다면 석저와 자베르의 '차이'를 먼저 드러내야 한다. 명시적으로 드러나진 않았지만, 석저와 자베르를 '비교'하라는 요구가 논제에 숨어 있는 셈이다. 따라서 이 논제는 석저와 자베르의 문제 상황과 대응 방식을 비교한 다음, 두 인물 가운데 누가 바람직한 선택을 했고 누가 바람직하지 못한 선택을 했는지, 그 평가와 관련된 자신의 견해를 쓰라는 것으로 정리할 수 있다.(비교 유형+견해 쓰기 유형)

둘째, 제시문을 분석한다.

논제의 핵심 요구는 '문제 상황'과 '대응 방식'에 있으니, 그것을 비교 기준으로 삼아 두 제시문을 읽어 봐야 한다.

셋째, 석저와 자베르의 문제 상황 및 대응 방식을 비교한다.

석저는 법질서를 지킬 것이냐 부친과의 관계를 지킬 것이냐로 갈등하는 상황이고, 자베르 역시 법질서를 중시하는 사람인데 장발장과의 관계로 인해 갈등이 생긴 상황이다. 두 사람이 처한 문제 상황의 공통점을 '법적 가치와 도덕적 가치의 충돌 상황(혹은 딜레마 상황)'이라고 일반화할 수 있고, 차이점은 각자가 중시하는 도덕적 가치가 '효'와 '양심'이라는 점이다. 석저는 '법 대 효', 자베르는 '법 대 양심'이다.

두 사람의 대응 방식은 어떻게 다를까? 두 사람 다 자살을 선택했지만 상황이 약간 다르다. 석저는 자신의 법적 의무를 다하지 못했음을 밝히고 공개적인 책임을 지고 있다. 하지만 자베르는 이도 저도 못하고 갈팡질팡하다가 아무도 모르게 강에 투신했다. 자베르의 행동은 현실로부터 도피에 불과한 것 아닐까?

넷째, 자신의 견해를 밝힌다.

두 인물을 어떻게 평가할까? 둘 다 자살했으니 나쁘다는 식으로 써서는 자기만의 차별화가 힘들 것이다. 이렇게 써 보면 어떨까. 석저의 대응 방식에서 긍정적 의미를 찾고, 자베르의 대응 방식은 비판하는 쪽으로 써 보는 것이다. 따지고 보면 석저는 아버지를 풀어 주어 효의 가치도 지켰고 사형을 자청하여 법관으로서 법적 책임도 졌으니 주어진 조건에서 상충하는 가치를 최대한 지킨 것이라고 평가할 수 있다. 자베르는 어떻게 비판할까? 자베르는 비록 장 발장을 놓아 주어 양심의 소리를 따르는 듯했지만, 남은 인생을 자신의 양심대로 살아가지도 못했고 경찰관으로서 책무도 저버렸으니 양쪽 가치 모두 제대로 지키지 못한 것 아닐까?

묻고 답하는 과정이 핵심이다

어떤가? 아직도 논술이 '평소 독서를 많이 하면 자연스럽게 잘하는 것'으로 보이는가? 위와 같은 추론 과정을 거쳐 답을 제시했다면 멋지게 문제를 해결한 것이다. 그러나 이렇게 하려면 상당한 훈련이 필요하다.

이처럼 '문제 해결을 위한 글쓰기'는 즉문즉답식의 일차원적인 글쓰기가 아니다. 주어진 문제를 작은 질문으로 쪼개고, 질문에 대한 답을 찾는 동시에 새로운 질문을 던지면서 문제의 의미를 풍성하게 만드는 과정이다. 예를 들어 "김연아와 아사다 마오에 대해 자신의 견해를 쓰시오."라는 논제가 있다 하자. 바로 튀어나오는 대로 "누가 뭐래도 김연아가 최고지!"라고 답하지 말고, 이 대답에 앞서는 다른 질문들을 떠올려 보는 거다.

"김연아와 아사다 마오의 차이점(또는 공통점)은 무엇일까?"

"김연아와 아사다 마오의 평가 기준이 무엇일까?"

"그 평가 기준으로 김연아와 아사다 마오 가운데 누가 더 뛰어난지 평가한다면?"

"김연아가 아사다 마오보다 낫다면, 그 이유는 무엇인가? 이에 대해 예상되는 반박은?"

이처럼 논제를 그 안에 '여러 질문이 들어 있는 체계'로 보고 접근해야 한다. 질문을 여러 번 반복해서 던지고 답하는 동안 문제가 점점 손에 잡힐 정도로 구체화된다. 문제가 구체화될수록 나의 생각도 구체화되고 답안도 마찬가지다. 문제를 해결하는 과정은 반드시 여러 차례의 '문제 설정'을 포함한다. 그런 과정을 거쳐 나온 답안이 의미 있는 답안이고 독창적인 답안이다.

석저와 자베르에 관한 논제를 풀 때 추가적인 질문을 생각해 보지 못한 학생일수록 "자살은 나쁘다."에 머무르는 식상한 글을 쓴다. 그런 학생일수록 '논제가 뭐 이래? 뻔한 걸 묻고 말이야.'라고 생각하며 한 점 의심 없이 열심히 빵점짜리 답안을 쓴다.

아래는 어떤 학생이 쓴 답안이다.

석저와 자베르는 모두 두 가치가 부딪치는 가운데 선택을 강요당

한다. 살인범 아버지를 처벌해야 하는 석저는 '법질서'라는 가치와 '효'라는 가치 사이에 갈등한다. 이 속에서 석저는 자기 목숨을 바침으로써 두 가치를 동시에 지키기로 한다. 아버지의 죄를 눈감음으로써 자식된 도리를 다하고, 공적 책임을 지고 형벌을 받음으로써 법질서 역시 존중했다.

자베르는 자신이 추적하던 죄인의 도움을 받고 그를 존경하게 된다. 그도 법질서라는 가치와 양심이라는 인간적 가치 사이에서 번민한다. 법질서를 확고하게 추구해온 그는 양심에 따른 선택을 하고 나서도 그 갈등 상황을 벗어나지 못한다. 결국 자베르는 남 몰래 자살함으로써 모든 책임을 벗어던진다.

두 사람 가운데 더 존중할 만한 선택은 석저의 선택이다. 석저와 자베르 모두 공적 가치와 개인적 가치의 충돌이라는 상황에 놓였으나, 석저는 '효'라는 가치를 실천하는 동시에 공적 책임을 짐으로써 공적인 가치 역시 실천했기 때문이다. 반면 자베르는 개인적인 자살로 도피함으로써 공적인 책임도 지지 못했고 '양심에 따른 선택'조차 빛이 바라게 만들었다. 석저의 죽음은 어떤 어려운 문제라도 자기를 버릴 각오가 있으면 해법을 찾을 수 있다는 교훈을 준다.

이만하면 모범 답안이다. 첫 문장에서 두 사람이 공통적으로 처한 문제 상황을 밝혔고, 이어 두 단락에 걸쳐 각각의 대응 방식을 비교 대조하였으며, 상투적인 결론으로 빠지지 않고 자신이 세운 평가 기준에 따라 독창적인 평가를 제시했다.

논술이 문제 해결을 위한 글쓰기란 것을 알았으니, 지금부터는 기본적인 공부 방향을 알아보자.

3장

모든 논술은 '5+1'로 통한다

대한민국 입시 논술은 크게 다섯 가지 유형으로 나뉜다. 서울 명문대부터 지방 국립대까지, 모든 논술 문제는 기본적으로 이 유형 내에서의 변형일 뿐이다. '에구 이게 뭔 말이야…'라고 신음 소리가 나오는 논제도 사실 논제의 발문(發問. 출제자의 질문이나 요구)을 복잡하게 배배 꼬아 놓았을 뿐 결국은 이 다섯 가지 안에 포함된다고 보면 된다.

요약, 비교, 설명, 비판, 견해

요약하기란, 핵심만 뽑아내기다.

비교하기란, 차이를 드러내기다.

설명하기란, 풀어 말하기다.

비판하기란, 왜 틀렸나 따지기다.

견해 쓰기란, 특정 입장 지지하기 혹은 해결책 제시하기다.

이 '5대 논술 유형'에 '적용'의 원리를 더한 '5+1'을 기억하자.

이 유형 분류는 교육부에서 공식 발표한 것도 대학 총장들이 모여 정한 것도 아니다. 논술 학원 중에서 최고만이 살아남는 강남 대치동 논술 학원 강사들은 매년 수백 개씩 논술 기출 문제를 분석하고 분류한다. 그런데 강사마다 자기만의 표현으로 유형을 나누다 보니 이 학원 가면 이렇게 저 학원 가면 저렇게 가르치곤 한다. 하지만 어떻게 표현하든, 결국 저 다섯 가지 유형으로 수렴된다고 보면 된다.

논술 방법론은 기본적으로 이 유형들을 이해하는 것이며 유형별 대응 방법이다. 각 유형별로 구체적인 대응 방법은 2부에서 자세히 설명하고, 이 장에서는 논술 문제가 유형으로 구분된다는 게 무슨 의미인지 간략히 짚고 갈 필요가 있다.

앞에서 논술은 '자유롭게 자기 생각 쓰기'가 아니라 주어진 자료와 방향 위에서 제한적으로 자기 생각을 첨가하는 것이라 했다. 이것은 학문의 원리이기도 하다. 학문하는 사람은 먼저 기존 연구를 충분히 섭렵하여 파악한 뒤, 선행자들이 다다른 경지 위에서 선행자들을 비판하거나 그들이 보지 못한 것을 밝히면서 새로운 단계로 나아간다. "내가 남들보다 멀리 볼 수 있었다면 내가 거인들의 어깨에 올라섰기 때문이다." 아이작 뉴턴의 말이다.

논술은 수험생의 '학문하는 능력'을 측정하는 시험이다. 따라서 모든 논술은 수험생이 다른 사람의 글을 제대로 읽고 이해했는지를 본다. 이때는 수험생 본인의 주관이 개입할 여지가 전혀 없다. 남이 '아' 했는데 '오'라고 엉뚱하게 이해하면 그 뒤로 모든 스텝이 꼬이지 않겠는가? 수험생이 글의 내용과 쟁점을 파악했다는 전제하에 출제자는 수험생에게 여러 입장 중 한 입장을 선택하여 지지하거나 새로운 대안을 제시하라고 요구한다. 이때는 수험생 본인의 주관이 제한적이나마 개입할 수 있다.

다섯 가지 유형은, 주관이 개입할 여지가 전혀 없는 유형부터 개입 여지가 제한적이나마 넓은 유형까지 일직선 위에 늘어놓았다고 보면 이해가 쉽다.

요약	비교	설명	비판	견해

(주관이 개입할 여지 없음)	(주관이 개입할 여지가 상대적으로 넓음)

'+1', 적용 유형

이 다섯 가지 유형에 보태어 '적용'이 있다고 했다. 적용이란 무엇일까.

바둑을 잘 두는 사람, 야구를 좋아하는 사람은 무엇이든 바둑이나 야구에 빗대어 말하는 것을 좋아한다.

"우리 회사가 올 상반기 전략을 어떻게 짜야 할까?"

"바둑에 아생후살타(我生後殺他. 내 돌을 먼저 살리고 남의 돌을 공격한다.)란 말이 있지. 먼저 기존 시장에서의 입지부터 탄탄히 다지고 새 시장으로 진출해야 해."

또는

"입사 원서를 스무 군데나 넣었는데 다 떨어졌어."

"힘내. '야구는 9회 말 투 아웃부터'란 말도 있잖아."

이처럼 어떤 원리나 개념, 방법 등을 다른 영역에 끌어와 활용하는 것을 '적용'이라 한다. 바둑을 인생에 적용하고 야구를 취업에 적용하듯, 현행 논술에서는 '적용'이 활발히 이루어진다. 문제를 풀다 보면 아래와 같은 발문을 흔히 보게 된다.

① 제시문 〈가〉를 요약하고 이를 참고하여 제시문 〈나〉를 해설 하시오.

② 제시문 〈A〉를 활용하여 제시문 〈B〉의 주인공의 행위를 평 가하시오.

③ 제시문 〈1〉에 바탕하여 제시문 〈2〉와 제시문 〈3〉을 비교하 시오.

④ 제시문 〈a〉와 제시문 〈b〉를 비교하고, 이에 근거하여 제시문 c의 주장에 대한 견해를 쓰시오.

통합 논술 이전에는 긴 제시문 하나를 읽고 답을 쓰게 하거나, 제시문 없이 바로 "자유와 평등은 조화될 수 있는지 자신의 생각을 쓰시오." 같은 문제를 내곤 했다. 하지만 통합 논술에서는 대부분의 문제가 서로 다른 영역의 제시문을 연결하거나 서로 다른 유형의 논제를 연결하여 출제된다. '학문 간 영역 전이'라는 통섭적 사고를 기른다는 취지다. 2부에서 유형별 풀이 방법을 공부하면서 적용의 실제 사례와 대비 방법을 익힐 텐데, 우선은 위의 예시 네 가지에서 강조 표시한 표현들이 적용과 관련이 있는 발문이라는 것을 알아 두자.

　'적용'을 다섯 가지 유형에 넣지 않은 것은, 적용이 별개의 유형이라기보다 모든 유형에 해당하는 배경 원리인 까닭이다. 정말로 적용의 원리는 다양한 형태로 나타난다. 예컨대 제시문 〈가〉의 논점을 가져와 제시문 〈나〉와 제시문 〈다〉의 논지를 비교하라고 할 때는 요약＋비교이고, 앞 제시문에서 특정한 관점을 먼저 설명하고 이어 그 관점으로 뒤 제시문의 소설 속 주인공의 행위를 평가하라고 하는 경우에는 설명＋비판이다.(문학 제시문이 섞여 나오면 학생들의 체감 난이도는 비 온 뒤 죽순 자라듯 급상승한다.) 한편 "제시문 〈1〉과 제시문 〈2〉를 비교하고, 이에 바탕하여 자신의 견해를 쓰시오."라는 식으로 비교＋견해 쓰기 유형인 문제도 있다. 형태는 다양하지만 적용 원리는 게임과 유사하다. 앞의 스테이지에서 아이템을 얻으면, 그 아이템을 뒤 스테이지에 반드시 사용해야 한다.

위의 ①~④ 같은 표현들이 나오면, 하나의 논제 안에 앞서는 소논제와 뒤따르는 소논제가 따로 있다는 점을 파악해야 한다. 강조 표시한 표현들은 섬과 육지를 잇는 다리처럼 앞뒤의 소논제를 이어 주면서 앞의 소논제를 먼저 해결한 다음 이를 적용하여 뒤의 소논제를 해결할 것을 요구하고 있다. 그런데 ①과 ④는 요약이나 비교라는 소논제가 선행하고 있지만, ②와 ③은 어떤 소논제가 있을까? ②와 ③ 모두 '제시문 〈A〉(제시문 〈1〉)의 논지를 파악하라.'는 소논제가 숨어 있다.

아래 예시는 2008학년도 고려대 수시 논술 문제다. 이 문제는 최근의 논술 난이도에 비추어 보면 정말 곡소리가 날 정도로 어려웠다. 물론 그 덕에 내신이 다소 불리한 논술 강자들이 합격의 기회를 잡기도 했다. 제시문 〈1〉에서는 현대 사회의 '감정노동' 현상을 분석한 사회과학 제시문을 주고 〈2〉에서는 사물이나 다름없는 무기력한 사무원을 묘사한 시 한 편을 준 다음 〈1〉의 논지를 활용하여 〈2〉의 시를 해석하라고 요구했다. 사회과학 제시문을 문학 제시문에 적용해 보라는 것!

이런 것도 적용 유형이다

⟨1⟩

최근에 은행업, 보험업, 관광업 및 레저 산업과 같은 서비스 분야의 직업이 증가함에 따라 '감정노동'에 관련된 사람들의 수도 현저히 늘고 있다. 그런데 감정노동은 특정한 범주의 직업에만 한정되지 않으며 공적·사적 생활에서 광범위하게 이루어지고 있다. 우리는 모두 가정과 직장에서 어느 정도 우리의 감정을 만들어내고 관리할 필요가 있다. 예를 들어, 어린아이를 동반한 쇼핑은 아이들 때문에 심하게 부대끼는 부모들에게 종종 감정노동을 단련할 기회가 된다. 부모들은 계산대 앞에서 차례를 기다리는 동안 아이들에게 고함을 지르기보다는 억지 미소를 지어야 하기 때문이다.

스스로 자신을 돌볼 수 없는 아동이나 노인, 장애인 및 병자를 돌보는 직종에 종사하는 사람들 역시 육체노동뿐만 아니라 감정노동을 수행하고 있다. 그들은 규범적이고 윤리적인 측면을 포함한 사회 관계 속에서 노동을 한다. 그들은 사회가 일반적으로 그 직업에 기대하는 역할을 수행하기 위해 특정한 얼굴 표정과 육체적 표현을 만들 수 있도록 자신의 감정을 관리한다.

감정노동 종사자들의 임무는 고객들이 요구하는 서비스를 제공함으로써 그들이 편안함을 느끼도록 하는 것이다. 이러한 업무 속에서 그들은 고객들에게 짜증을 내지 않으면서 자신들의 역할에 충실

해야 한다는 딜레마에 부딪히게 된다. 표면 연기는 이 딜레마에 대처하는 한 가지 방식이다. 그러나 표면 연기가 위선적이며 자존심을 상하게 한다고 생각하는 사람들에게 그 방법은 만족스럽지 못하다. 그래서 노련한 직업인들은 표면 연기 대신 내면 연기를 선호하는 경향이 있다. 예를 들어 간호사들은 무례하고 공격적인 환자를 다룰 때 그 환자의 행동이 정당화될 수 있는 이유를 생각해내려고 애쓰고, 화를 내기보다는 스스로 미안한 감정을 가지려 한다. 그러나 그런 대처 방식도 바람직한 것만은 아니다. 진정한 자기감정으로부터 유리되는 현상을 감수해야 하기 때문이다.

특정 직업이 몸에 가하는 스트레스는 특정한 감정과 육체적 상태를 요구하는 업무 때문에 더욱 심화된다. 자신의 행위가 자아 개념과 모순된다고 인식될 때 스트레스 수준은 높아진다. 자신의 욕구를 부정하면서 언제나 다른 사람들의 욕구에 우선적으로 부응해야 할 때 몸은 견딜 수 있는 이상으로 가해지는 긴장에 대해 무의식적인 저항을 드러낼 수 있다. 감정노동 종사자들에게 기대하는 감정노동의 양이 증가하고 있는 현대사회에서 이런 위험성은 더욱 높아지고 있다.

〈2〉
사무원

이른 아침 6시부터 밤 10시까지 하루도 빠짐없이
그는 의자 고행을 했다고 한다.

제일 먼저 출근하여 제일 늦게 퇴근할 때까지

그는 자기 책상 자기 의자에만 앉아 있었으므로

사람들은 그가 서 있는 모습을 여간해서는 볼 수 없었다고 한다.

점심시간에도 의자에 단단히 붙박여

보리밥과 김치가 든 도시락으로 공양을 마쳤다고 한다.

그가 화장실 가는 것을 처음으로 목격했다는 사람에 의하면

놀랍게도 그의 다리는 의자가 직립한 것처럼 보였다고 한다.

그는 하루종일 損益管理臺帳經손익관리대장경과 資金收支心經자금수지심
경 속의 숫자를 읊으며

철저히 고행업무 속에만 은둔하였다고 한다.

종소리 북소리 목탁소리로 전화벨이 울리면

수화기에다 자금현황 매출원가 영업이익 재고자산 부실채권 등
등을

청아하고 구성지게 염불했다고 한다.

끝없는 수행정진으로 머리는 점점 빠지고 배는 부풀고

커다란 머리와 몸집에 비해 팔다리는 턱없이 가늘어졌으며

오랜 음지의 수행으로 얼굴은 창백해졌지만

그는 매일 상사에게 굽실굽실 108배를 올렸다고 한다.

수행에 너무 지극하게 정진한 나머지

전화를 걸다가 전화기 버튼 대신 계산기를 누르기도 했으며

귀가하다가 지하철 개찰구에 승차권 대신 열쇠를 밀어 넣었다고
도 한다.

이미 습관이 모든 행동과 사고를 대신할 만큼

깊은 경지에 들어갔으므로

사람들은 그를 '30년간의 長座不立장좌불립'이라고 불렀다 한다.

그리 부르든 말든 그는 전혀 상관치 않고 묵언으로 일관했으며

다만 혹독하다면 혹독할 이 수행을

외부압력에 의해 끝까지 마치지 못할까 두려워했다고 한다.

그나마 지금껏 매달릴 수 있다는 것을 큰 행운으로 여겼다고 한다.

그의 통장으로는 매달 적은 대로 시주가 들어왔고

시주는 채워지기 무섭게 속가의 살림에 흔적없이 스며들었으나

혹시 남는지 역시 모자라는지 한번도 거들떠보지 않았다고 한다.

오로지 의자 고행에만 더욱 용맹정진했다고 한다.

그의 책상 아래에는 여전히 다리가 여섯이었고

둘은 그의 다리 넷은 의자다리였지만

어느 둘이 그의 다리였는지는 알 수 없었다고 한다.

논제. 제시문 〈1〉의 논지를 밝히고, 이를 바탕으로 제시문 〈2〉를 해설하시오.

초등학교 1학년 때 "비슷한 것을 선으로 연결하시오."라는 문제를 풀었던 것을 기억해 보라. 오른쪽에는 개나리, 수박, 익은 곡식, 눈사람 그림이 있고 왼쪽에는 봄, 여름, 가을, 겨울의 단어가 있으면 관계가 있는 쌍을 찾아 삐뚤삐뚤 선을 이었다. 논술에서 적용의 원리도 비슷하다. 우선 제시문 〈1〉의 논지를 여러 요소로 분석

하고, 그 요소들을 〈2〉에 연결한다. 이때 적용은 다각적이어야 한다. '개나리-봄'만 찾은 학생보다는 '수박-여름', '익은 곡식-가을', '눈사람-겨울'까지 모두 찾아 완성한 학생이 더 잘한 것처럼, 적용도 다각적일수록 높은 점수를 받는다.

예를 들면 썰렁한 문제 풀이 1보다 다각적인 문제 풀이 2가 더 좋다는 이야기다.

풀이 1

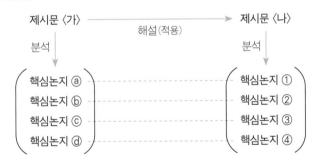

풀이 2

위 문제에서 제시문 〈1〉은 감정노동의 실태와 문제점을 밝히고 있다. 〈1〉의 논지는 대략 이렇게 정리된다.

- 감정노동의 실태: 업무상 필요에 의해 자기 감정을 관리하는 감정노동이 공적, 사적 생활에서 광범위하게 이루어지고 있다. 감정노동 종사자들은 감정을 감추는 '표면 연기'도 하지만 아예 필요한 감정을 스스로 만들어 내는 '내면 연기'도 수행한다.
- 감정노동의 문제점: 자기 감정과 모순되는 행위를 하면서 감정노동 종사자들은 점점 더 많은 스트레스를 받게 되고, 이 스트레스로 몸의 건강을 해칠 수도 있다. 현대 사회는 이러한 위험성을 높이고 있다.

감정노동에 대한 다른 설명들은 다소 일반적인 내용이지만, 감정노동 종사자들이 '표면 연기'와 더불어 '내면 연기'도 수행한다는 점은 충격적이다. 이런 핵심어들을 살려 제시문 〈2〉의 시에 적용해 보자. 늘 채점자를 염두에 두라. 채점자에게 "난 이 글에서 이런 중요한 요소를 발견했어요."라고 많이 보여 주면 줄수록 좋다.

아래는 이 문제를 해결하는 과정을 담은 예시다. 색깔로 표시한 부분은 제시문 〈1〉을 적용한 해설이다.

- '불교 수행'하듯 회사 업무를 하고 있는 사무원은 자기 감정과 욕구를 억누른 채 감정노동을 하고 있는 것이다.
- '습관이 모든 행동과 사고를 대신'할 정도인 사무원의 모습

은 감정노동이 공적 영역을 넘어 사적 생활까지 확대되었음을 보여 준다.

- 상사에게 '108배' 하듯 굽실거리고 '청아하고 구성지게' 통화를 하는 사무원의 모습은 업무를 위해 자기 감정을 감추는 표면 연기를 한다고 이해할 수 있다.
- 그런데 사무원은 일할 수 있음을 '행운'으로 여기며 '시주'처럼 들어오는 임금의 액수에는 관심도 없다. 이는 사무원의 감정노동이 단순히 표면 연기에 그치는 것이 아니라 내면 연기의 차원에 들어섰음을 보여 준다.
- 의자와 사람이 구분되지 않을 정도로 비인간적인 감정노동은 스트레스를 가져왔을 것이고, '창백한 얼굴, 가늘어진 팔다리, 부푼 배'가 가리키듯 사무원의 건강을 심하게 해치고 있다.

이 논제에 대해 대부분의 학생들이 쓴 답안을 보면, 그저 "사무원이 '감정노동'을 하고 있다."는 말만 반복하면서 시의 구절을 무의미하게 나열하고 있다. 아주 소수의 학생만이 제시문 〈1〉의 논지를 조목조목 분석하고 〈2〉의 시적 표현과 다양한 연결 고리를 찾아내어 재치 있는 해설을 선보인다. 여러분도 직접 창의적인 해설을 생각해 보길 바란다. 내가 제시한 것 이외에도 여러 해설이 가능할 것이다.

4장

논제는 시작이요 끝이다

비단 논술만이 아니라 '문제를 정확히 이해하는 것'이 얼마나 중요한지는 여러 말 하면 입만 아플 것이다. 그러나 수능, 내신, 토익 등의 객관식 시험과 논술에서 문제의 정확한 이해가 차지하는 비중은 하늘과 땅 차이다.

객관식 시험은 문제를 꼬아 놓지도 않고 문제를 이해하는 데 특별히 시간이 더 필요하지도 않다. 대개 객관식 시험에서 문제를 제대로 이해하지 못했다는 말은 '실수'를 했다는 말이다. "아, 그걸 잘못 봤네. 이런 실수를 하다니!" 이런 말이 통한다. "다음엔 그러지 말아야지."라는 다짐도 기특해 보인다.

하지만 논술에서 논제를 이해하는 수준은 실수가 아니라 '실력'의 차이다. 논제를 파악하는 정도만 봐도 논술 왕초보인지, 서너 달쯤 공부했는지, 논술 강자인지가 딱 드러난다. 논제를 제대로 파악하지 못하면 원고지를 다 채울 수조차 없다. 논제를 피상적으로 이해하면 결코 수준 높은 합격 답안을 쓸 수가 없다. 하여 논술에서는 다른 시험 대비에서 별로 언급하지 않는 '논제 분석'이라는 과정을 엄청나게 강조한다. 요리사에게 재료 선별이 중요한 만큼, 나무꾼에게 도끼 손질이 중요한 만큼, 운동선수에게 체력 단련이 중요한 만큼 논술에서는 논제 분석이 중요하다. 논제 분석을 연습하지 않고 다음번에 더 나은 글을 쓸 것이라는 생각은 수영은 배우지 않고 물장구나 치는 사람이 박태환 선수의 후계자가 되겠다는 것이나 다름없다.

논제 분석, 논제 이해가 중요하다고 나만 떠드는 것은 당연히 아니다. 대학의 채점관도 그렇게 말하고 학교나 학원에서도 다 그렇게 말한다. 아주 구체적으로 몇 분 동안 논제 분석에 시간을 할애하라고 말하는 논술 강사도 있다. 그러거나 말거나 시험장에서 논제를 슬쩍 눈에 묻히고 바로 원고지로 뛰어드는 씩씩한 학생들은 여전히 많다. 하지만 그런 학생들 말고, 논제의 중요함을 아는 학생들에게도 논제 분석은 쉽지 않다. 사실 발문을 한참 들여다봐도 조금도 실마리가 잡히지 않는 논제도 많다. 몇몇 사례를 보자.

- 지문 〈가〉의 '미꾸라지의 행위'와 지문 〈나〉의 '선한 행위'가 지니고 있는 의미의 차이점에 대해 논하시오.(350~400자) _가톨릭대학교 2011학년도 수시 1차(문과) 논술

뭐, 이 정도는 봐줄 만하다. 〈가〉와 〈나〉의 제시문을 읽고 특정 행위의 의미를 비교하라는 뜻임을 금방 알 수 있다. 그런데 이런 논제도 있다.

- 〈다〉의 표를 활용하여 〈가〉와 〈나〉의 주장을 비교 대조하고, 〈라〉, 〈마〉의 제시문과 〈바〉의 그래프를 토대로 영국 산업혁명 후기 삶의 질에 대해 추론하라.(1,300자~1,500자)

  _서강대학교 2014학년도 모의 논술

"뭐, 뭐? 한글로 써 놓았는데 왜 함무라비 법전을 보는 것 같지?" 이런 아우성이 들리는 것 같다. 벽에 쿵 부딪친 느낌일지도 모른다. 논술 문제를 풀어 보고 가르쳐 보고 만들어 보기도 한 입장에서, 이렇게 요구 조건이 많고 복잡한 논제는 그다지 좋은 논제라고 생각하지 않는다. 2시간 남짓한 짧은 시간에 학생들에게 너무 많은 것을 요구한다. 학생들은 문제를 푸는 건 고사하고 핵심 요구를 파악하기까지 너무 많은 에너지를 소모한다. 그래서 이런 문제는 발문을 이해하고 요구 조건을 이행한 것만으로도 합격권에 드는데, 정작 풀이 과정에서는 그다지 독창적인 답안을 기대하기 어렵다. 그러나 어쩌겠는가. 이런 문제도 나온다면 우리는 대비하는 수밖에 없다.

- 개별형 사이트에서 참여자들이 독자적으로 판단해 곡을 다운로드한 횟수가 미공개 신곡들의 질을 반영한다는 가정 아래 제시문 〈라〉의 실험 결과를 해석하고, 이를 바탕으로 제시문 〈가〉의 주장을 평가하시오.(1,000자)

  _연세대학교 2012학년도 수시 1차 논술(사회 계열)

- 〈가〉의 논지를 요약하고, 이를 바탕으로 〈나〉의 각 급훈을 분석하고 평가한 다음, 〈다〉의 문제의식을 참고하여 바람직한 급훈을 만들고 그 프레임을 설명하시오.(1,400자)

  _한양대학교 2012학년도 수시(인문계 1) 논술

이런 논제들은 제시문을 포함해 문제 전체를 놓고 보면 상당히 참신한데, 역시 논제만 보면 막막하다. 연세대 논제는 실험 데이터 분석을 〈가〉를 평가하는 데에 연결해 보라고 하고, 한양대 논제는 심지어 '바람직한 급훈'을 만들어 보라고 한다. 이런 상황이니 학생들에게 단순히 논제 분석의 중요성을 강조하는 것으로는 부족하다. 어떻게 논제 분석을 잘할 수 있는지 방법과 기술이 필요하다. '몇 분 동안' 논제를 들여다보라는 것도 논제마다 기계적으로 똑같이 적용할 수는 없다.

논제 분석 이렇게 하자

첫째, 논제만 들여다본다고 좋은 건 아니다. 논제와 제시문을 종합하여 이해하라.

　제시문 내용을 모르는 상태에서 논제만 오래 들여다본다고 감이 오지 않는다. '논제→제시문→논제'의 순서를 반복하면서 논제 분석을 진행하도록 한다. 처음에 논제를 빠르게 읽고, 그다음에 제시문을 읽고, 다시 논제를 천천히 분석한다.

　둘째, 출제자의 의도를 파악하라. 논제를 '쉬운 말'로 다시 써 보라.

　이 부분이 논제 분석의 핵심이라고 해도 과언이 아니다. 이 부분에서 단순하고 일차적인 답을 쓰느냐 의미 있는 답을 쓰느냐가 나누어진다. 논술은 출제자와 수험생 사이에 이루어지는 커뮤니케이션이라고 할 수 있다. 커뮤니케이션은 상대방의 의도를 헤아리고 그에 어울리는 대답을 하여 대화를 풍부하게 만드는 데 요체가 있다. 누가 "아, 하필 오늘 왜 비가 오는 거야?"라고 하는데 "왜냐하면 말야, 비는 공기 중의 수분이 응결되어 내리는 거야. 오늘 수분이 많나 봐."라고 대답하는 사람은 바보다. 상식적인 사람이라면 "왜? 오늘 어디 놀러 가기로 했어?"라고 반응한다. 논제에서 무엇을 비교해라, 평가해라, 견해를 쓰라고 할 때 출제자는 그럴 만한 이유가 있어서 그런 요구를 한다. 그 이유가 무엇일까?

　앞에서 본 '석저와 자베르' 문제에서 "석저와 자베르 모두 자살을 택했다. 자살은 나쁘다."는 상투적인 답으로 미끄러지는 학생은 출제자의 의도를 전혀 읽지 못했다. 왜 출제자가 비슷해 보이는 사례를 굳이 두 개나 제시했는지를 고민해야만, 출제자의 숨은 의도를 캐물어야만 좋은 글이 나온다.

이때 논제를 쉬운 말로, 자신의 표현으로 풀어서 정리하는 게 좋다. 논술 문제는 평소 잘 안 쓰는 개념어로 이루어진 까닭에 그 의미가 구체적으로 와 닿지 않는 경우가 많다. 예를 들어 "석저와 자베르의 대응 방식에 대해 견해를 쓰시오."란 질문을 이렇게 풀어 보자. "석저와 자베르가 이 상황에서 각자 다른 행동을 했다. 그들이 왜 그랬는지, 또 누구의 행동이 더 바람직했는지 그 이유는 무엇인지 말해 보라." 질문이 생생해질수록 답도 활기가 생긴다.

셋째, 핵심 요구를 찾아라, 그리고 세부 요구도 놓치지 마라.

복잡한 논제일수록 그 속에 숨은 소논제(세부 요구)를 찾아낼 것, 그중에서도 논제의 '핵심 요구' 또는 최종 요구를 꼭 찾을 것! 권투에는 아웃파이터도 있고 인파이터도 있지만, 논술에서는 인파이터 식의 글이 좋다. 미사여구나 배경지식 나열 등의 잔 기술로는 점수를 따지 못한다. 논제의 핵심 요구로 파고들어 정면으로 맞받아치는 글을 써야 한다. 논제가 응시자의 입장을 물으면 입장을 선명히 제시하고, 비판을 요구하면 과감히 비판해야 한다.

일반적으로는 논제의 후반부가 핵심 요구이다. 가령 "제시문 〈1〉과 〈2〉의 차이점을 밝히고, 이를 활용하여 제시문 〈3〉의 주장에 대해 논술하시오."라는 문제라면, 제시문 〈3〉의 주장에 관한 자신의 견해를 쓰라는 것이 핵심 요구다. 〈1〉과 〈2〉를 비교하라는 것은 주어진 쟁점을 바탕으로 해서 자신의 견해를 쓰라는 뜻으로 읽어야 한다. 논제에서 핵심 요구와 세부 요구를 구별하지 못하면 무게 중심이 없는 글을 쓰게 된다.

　논제를 분석할 때 절대로 눈으로만 훑지 마라. 반드시 펜을 들고 주요한 키워드, 논점, 요구 조건을 하나하나 빼놓지 말고 살살이 살펴야 한다. 논제가 길면 소논제로 쪼개라. "~를 참고하여", "~를 근거로", "~에 바탕하여" 같은 '적용'을 요구하는 발문이 나오면 그것을 기준으로 앞뒤로 두 개의 소논제로 나누면 된다. 풀어야 하는 소논제가 늘어나는 것은 절대로 괴로운 일이 아니다. 오히려 그 반대다. 사하라 사막처럼 넓은 원고지를 무엇으로 채우나 하는 걱정이 그만큼 줄어든다. 한걸음 더 나아가 숨은 논제도 발굴해 질문을 제기하고 답을 하는 방식으로 글의 짜임새를 높이자.

　예를 들어 "영국과 프랑스의 이민정책의 차이점을 쓰시오."라는 논제가 있다. 공통점을 쓰라는 요구는 없지만, 차이점과 관련이 있는 공통점이라면 간략히 언급해 주어도 된다. 예를 들어 이렇게 쓸 수 있다. "두 나라 모두 노동력을 확보하기 위해 이민 정책을 추진했다는 공통점이 있지만, 여기엔 다양한 차이점도 존재한다. 첫째는 (…)." 단, 논제에서 직접 요구하지 않은 내용인 경우 이것이 논제의 핵심 요구와 관련이 있는지 생각해야 한다. 공통점은 차이점을 부각하는 데에 도움이 된다. 핵심 요구와 관련이 없는 엉뚱한 논점 일탈은 감점 요인이니 주의해야 한다.

논제를 잘 분석하면 제시문 독해도 효율적으로 할 수 있다. 논제의 핵심어나 정보는 독해의 나침반이 된다. "〈가〉와 〈나〉를 비교하시오."라는 논제와 "〈가〉와 〈나〉에 나타난 죽음에 대한 태도를 비교하시오."라는 논제가 있을 때 당연히 후자의 논제가 접근하기 좋다. '죽음에 대한 태도'가 이미 중요한 비교 기준으로 제시되어 있기 때문이다. 제시문을 독해할 때도 처음부터 죽음에 대한 태도가 어떻게 다른지를 염두에 두고 읽으면 되므로, 막막한 상태에서 제시문을 읽어야 하는 전자의 경우보다 훨씬 빠르게 문제를 해결할 수 있다. 만약 논제의 주요한 핵심어나 논점, 요구 조건을 놓친다면 그만큼 시간도 더 걸리고 출제자의 의도에서도 멀어지게 된다.

넷째, 300자 기준으로 단락을 구성하라.

논제와 제시문 분석이 끝나면 글의 개요를 짜야 하는데, 개요 짜기를 어떻게 해야 할지 모르겠다는 학생들이 많다. 시간 내에 못 쓸까 봐 불안해서 개요를 생략하고 바로 원고지로 가는 것은 오히려 손해다. 반드시 중간에 펜이 막히게 되는데, 그때는 정말 방도가 없다. 개요를 꼼꼼히 짤수록 물 흐르듯이 원고지를 채울 수 있다.

개요 짜기란 '단락 구성하기'다. 첫째, 답안을 몇 단락으로 쓸 것인가, 둘째, 각 단락에서 무슨 논점을 다룰 것인가, 이 두 가지가 개요 짜기의 전부다. 많은 학생들이 무슨 고백록 쓰듯이 줄줄 글을 쓰다가 '왠지 느낌이 오면' 단락을 나눈다. 그래서 어떤 단락은 숨도 못 쉬게 길고 어떤 단락은 한두 줄로 끝난다. 단락은 생각의 덩어리이므로, 너무 긴 단락은 생각이 뒤죽박죽 섞여 있다는 뜻이고 너무 짧은 단락은 생각을 하다 말았다는 뜻이다. 그럼 어느 정도가 좋을까? 300자 전후면 좋다. 물론 200자나 400자로 단락을 구성한다고 해서 잘못된 답안은 아니다. 다만 많은 답안지를 채점한 경험으로 볼 때, 수험생의 사고가 최소한의 완결성을 갖추면서 논제가 요구하는 것을 체계적으로 이행하려면 그리고 읽는 사람의 가독성을 고려하면 300자 전후로 단락을 나눈 글이 적절하다.

논술 문제는 글자 수에 제한을 두는데 200~300자 정도로 짧은 글을 여러 편 요구하기도 하고 1,000자나 1,500자의 긴 글을 요구하기도 한다. 써 보면 알겠지만 고작 두 시간 남짓한 시험 시간에 2,000자 이상을 쓰기는 어렵다. 성균관대처럼 원고지 대신 밑줄만 그어진 답안지를 주고 글자 수에 제한 없이 쓰라는 대학도 있기는 한데, 그 경우에도 두 시간이라는 시험 시간을 고려할 때 총 2,000자 내외로 쓰면 된다.

어쨌든 300자 전후로 단락을 나눈다고 가정하면, 문제가 요구하는 글자 수에서 대강의 단락 구성이 나온다. 600자로 쓰라고 하면 300자 기준 두 단락으로, 1,000자로 쓰라고 하면 세 단락이나 네 단락을 기준으로 잡는다. 1,500자 분량이라면 다섯 단락이 기준이다. 물론 논제마다 이행해야 할 세부 요구가 다르므로 기계적으로 적용하기는 어렵다. 하지만 무턱대고 쓰는 것보다는 300자 기준으로 단락을 미리 정해 놓는 게 훨씬 편하다. 단락을 일종의 수납장이라고 생각해 보자. 1,000자짜리 글은 3단 수납장 혹은 4단 수납장이다. 무작정 쓰면서 즉흥적으로 단락을 나누기보다, 처음부터 4단 수납장의 각 서랍에 무엇을 넣을까 하는 관점으로 접근하자. 아래와 같은 논제를 예로 들자.

〈가〉의 논지를 밝히고, 이를 토대로 〈나〉와 〈다〉를 비교·분석한 다음, 이에 대해 자신의 견해를 밝히시오.(800자 내외)

논제 분석 후 대략 다음과 같은 개요가 나온다. 논제에서 따로 요구 사항이 없으면 대개는 글자 수의 ±10퍼센트까지 가능하다. 분량이 그보다 적거나 많으면 감점이 시작된다.

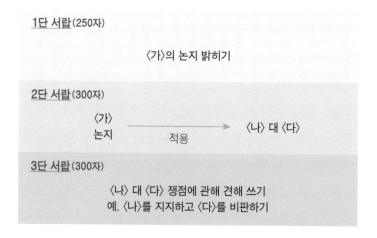

논제 분석 연습하기

지금까지 논제 분석에 관해 이야기했다. 그리 어렵지 않은 기출 문제를 하나 풀어 보면서 논제 분석의 실제를 익혀 보자.

| 한양대학교 2014학년도 모의 논술(상경 계열) |

〈가〉

어느 마을에 공동으로 관리되는 목초지가 있었다. 사람들은 여기에 적당한 수의 양 떼를 풀어 기르면서 큰 문제없이 먹고 살았다. 그러던 어느 날 한 사람이 욕심을 내기 시작했다. 양을 더 많이 들여와 방목했다. 그의 수입이 늘자 다른 사람들도 앞다투어 양을 더 방목했다. 내가 안 하더라도 어차피 다른 사람이 양을 풀 것이기 때문에 자신만 자제를 한다면 손해를 볼 것이라는 생각 때문이었다. 목초지는 곧 황폐해졌고, 주민들의 삶도 어려워졌다. '공유지의 비극'이 발생한 것이다.

공유지의 비극에 대한 전통적인 해법은 두 가지였다. 첫째는 정부의 개입이다. 정부가 목초지에 풀어놓을 수 있는 양의 수 등을 법률로 제한하는 것이다. 둘째는 사적 소유권의 도입이다. 목초지의 소유권을 적절하게 목자에게 배분하는 것이 이에 해당된다. 실제로 여러 나라에서 연안 어장을 지속가능한 방식으로 활용하기 위해 법으로 어장 출입을 제한하고 있고, 인도 일부 지방은 수자원 이용권을 기업에 넘기기도 한다.

그런데 2009년 노벨 경제학상 수상자인 엘리너 오스트롬(Elinor Ostrom)은 이런 상식에 의문을 제기하였다. 정말 모두의 것은 아무의 것도 아닌 것일까? 사람들은 늘 공유 자원을 항상 남용할까? 그녀는 미국, 캐나다, 터키, 일본의 사례 연구를 통해 우리가 생각하는 것보다 많은 지역에서 주민들이 자발적으로 공유 자원을 오랜 기간 동안 잘 관리해 왔다는 사실을 발견하였다. 또한 이러한 자발적이고 공동체 기반 관리는 공유지가 타지역 사람들에 의해 소유되면서 와해되곤 했다.

〈나〉

1930년대에 최초의 염화불화탄소류 화합물인 프레온이 합성되면서 냉장고의 냉매와 분사추진체 등으로 널리 사용되기 시작했다. 인체에 독성이 없고 매우 안정적인 프레온은 대기 중에 방출되면 잘 분해되지 않고 성층권까지 도달한다. 그곳에서 강력한 햇빛과 반응하여 마침내 분해되면서 그 과정에서 성층권의 오존층을 훼손하게 된다. 오존층이 파괴되면 지표면에 도달하는 자외선의 양이 증가하여, 해양 먹이사슬의 시작점인 식물성 플랑크톤을 사멸시킬 수 있고 육상 식물의 광합성도 방해할 수 있다. 인간에게는 백내장이나 피부암 등의 질환을 유발할 수 있다.

이런 과학적 사실이 알려지고 대중매체나 시민단체의 활동을 통해 이에 대한 대응책의 필요성이 부각되면서, 1985년 유엔환경계획(UNEP)은 오존층 보호를 위한 빈 협약을 체결했다. 이 협약은 보다 강한 자발적 구속력을 가진 1987년 몬트리올 의정서로 발전하였고 이런 국제적 협력의 결과 프레온의 사용은 급격하게 감소하였다.

논제. ⟨가⟩에 제시된 '공유지의 비극'에 대한 세 가지 해법이 어떻게 문제를 해결할 수 있는지 설명한 후, 이를 바탕으로 ⟨나⟩에 나타난 '공유지의 비극' 상황의 해법을 평가하시오. (600자)

'공유지의 비극'은 논술 주제로 많이 다루어진 바 있어 학생들에게도 익숙하다. 그런데 이 익숙함이 부메랑이 되곤 한다. 학생들은 자신이 알고 있는 배경지식이나 선입견을 기계적으로 적용할 때가 많다. '공유지의 비극? 아, 해결책은 정부의 개입!' 이런 식이다. 그러다가 논제의 세부적인 요구 조건을 놓치고 간다. 논제가 "세 가지 해법"을 언급하는데도 '정부의 개입' 하나만 생각하며 나머지는 보지도 않는다.

제시문을 꼼꼼히 읽었다고 전제하고, 논제를 분석해 보자. 해설 끝에 예시 답안을 실어 놓았다.

• 우선 '이를 바탕으로'라는 '적용' 발문을 기준으로 앞뒤로 두 개의 소논제로 나누자.

• 다음으로 제시문 ⟨가⟩를 분석한다.
첫째, '공유지의 비극'의 의미를 파악한다.

둘째, '공유지의 비극'의 세 가지 해법과 그 구체적 내용을 찾는다. 많은 학생들이 첫째 '정부의 개입', 둘째 '사적 소유권 도입'까지는 찾는데 셋째 해법을 못 찾는다. 그러나 논제에서 굳이 세 가지라고 했으므로 집요하게 찾아야 한다. 글의 마지막에 나오는 '공동체의 관리'가 셋째 해법이다. 세 가지 해법이 "어떻게 문제를 해결할 수 있는지" 설명하라고 했으므로, 단순하게 '정부의 개입으로 해결될 수 있다.'라고만 쓰면 안 된다! 정부가 개입하면 구체적으로 어떻게 해결된다는 것인지 밝혀야 한다.

• 〈가〉를 적용하여, 〈나〉의 '공유지의 비극' 상황의 해법을 평가한다.

첫째, 〈나〉에 있는 '공유지 비극'의 '상황'과 '해법'을 먼저 설명해야 한다. 상황과 해법을 먼저 밝힌 다음에 평가를 진행해야 논리적으로 자연스럽다. 이때 〈가〉의 '공유지의 비극' 개념과 세 가지 해법을 끌어와서 〈나〉를 분석해야 한다. 오존층 파괴는 어떤 의미에서 공유지의 비극이라고 할 수 있을까? 유엔 차원의 협약은 〈가〉에 나온 세 가지 해법과 무슨 관련이 있을까?

둘째, 논제의 핵심 요구는 '〈나〉의 해법에 대한 평가'다. 평가는 대표적인 '견해 쓰기' 유형이다. 평가하라고 하면 무엇을 어떻게 하라는 말인지 몰라 가만히 있는 학생이 많다. 너무 어렵게 생각할 필요 없다. 평가하라고 하면 아래와 같은 두 갈래의 선택지 가운데 어느 하나를 정해 글을 풀어 나가면 된다.

〈나〉의 해법은 ┌ 긍정적이다 ┌ 타당하다 ┌ 바람직하다 ┌ 효과적이다
　　　　　　　 └ 부정적이다 └ 타당하지 않다 └ 바람직하지 않다 └ 효과적이지 않다

• 300자 기준 두 단락으로 구성한다.

첫째, 단락 1은 〈가〉의 세 가지 해법을 구체적으로 설명하자.

둘째, 단락 2는 〈나〉의 '상황', '해법', '평가'를 제시하자.

위의 논제 분석을 그림으로 나타내면 아래와 같다. 〈나〉의 프레온 문제 해법은 〈가〉에 제시된 공유지 해법 세 가지 모두에 해당할 수도 있고 하나나 둘에만 해당할 수도 있다. 3장에서 적용 유형을 설명하면서 제시문 안의 세부 요소를 가능하면 다각적으로 연결하는 답안이 좋은 답안이라고 이야기한 것을 기억하는지?

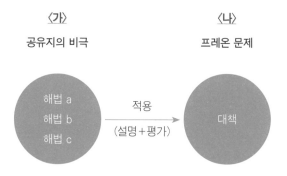

〈가〉　　　　　　　　　　〈나〉

공유지의 비극　　　　　　프레온 문제

해법 a
해법 b　　적용　　대책
해법 c　(설명＋평가)

이제 문제를 풀어 보자. 〈나〉의 공유지의 비극 상황은 무엇인가? '국가, 개인이 프레온 가스를 남용하여 인류 공동의 자원인 오존층이 파괴되는 현상'이 공유지의 비극 상황이라 할 수 있다. '공동 자원의 파괴'는 〈가〉와의 연결 고리이므로 꼭 들어가야 한다. 한편 이러한 상황에 대해 〈나〉에서 제시한 해법은 무엇일까? 유엔 차원의 국가 간 협력과 협약이다. 이것은 지구적 차원으로 확장된 〈가〉의 '공동체의 관리' 해법이라고 할 수 있다. 여기까지 찾았으면 무척 훌륭한 답안이다. 그런데 좀 썰렁한 느낌이 든다. 〈가〉와 〈나〉 사이에 추가로 연결할 지점은 없을까?

자, 유엔 차원의 협약을 자발적으로 맺더라도, 일단 협약을 맺은 이상 각국 내에서는 정부가 나서서 민간의 프레온 가스 사용을 규제하고 단속해야 하지 않을까? 즉 〈나〉의 해법은 〈가〉의 '정부의 개입'을 전제로 깔고 있음을 알 수 있다. 〈나〉의 해법은 '공동체의 자발적인 관리'와 '정부 개입', 이 두 가지 해법의 결합인 셈이다. 이것까지 발견한다면 진짜 논술 고수다! 마지막으로, 평가는? 프레온 가스 감축이 실현되었으니 긍정적으로 평가해도 되지 않을까? (글자 수 제한이 있으니 평가의 핵심만 밝혀도 된다.)

아래는 예시 답안이다.

공유지의 비극이란, 개인들이 공동의 자원을 남용하여 황폐화하는 경향을 의미한다. 이를 극복하는 방안으로 〈가〉는 정부의 개입,

사적 소유권의 도입, 공동체의 관리를 제시하고 있다. 정부가 나서서 개인의 탐욕을 규제하고 감시·감독하면 공유지의 비극은 예방될 수 있다. 공유지의 소유권을 분할하여 판다면 개인은 자신의 자원을 현명하게 활용하지 않을 시 그 대가를 직접 치러야 하므로 자원 남용을 절제한다. 공동체적 관리란 공동체가 자발적으로 규칙을 정한 후 일상적으로 소통하면서 공유지를 관리하는 것이다. 자발적이므로 정부 개입 방법보다 적극적인 동기가 부여되며, 개개인의 능력을 넘어 협력이 가능하다는 점이 장점이다.

〈나〉에서는 개인이 프레온을 자유롭게 사용한 결과 지구 생명체의 공동 자원인 오존층이 파괴되는 공유지 비극 현상이 나타난다. 이 문제의 해결은 첫째, 국가 간 공조를 통한 자발적인 규제 협약과 둘째, 국내 산업에 대한 각국 정부의 간섭을 통해 이루어졌다. 프레온 사용을 줄이자는 협약은 각국 정부가 자발적으로 체결한 것이며, 협약에 따라 각국 정부는 국내 산업의 프레온 배출을 규제하고 감독했던 것이다. 이처럼 정부의 개입과 지구 공동체의 자발적 관리를 결합한 해법으로 프레온 사용이 줄어들었으므로 이 해법은 긍정적으로 평가할 수 있다. (638자)

첨삭은 강사도 춤추게 한다

내가 논술 학원에 들어선 건 2008년 말이었다. 돈을 벌어야 하는데 나이가 많아 마땅히 갈 곳이 없었다. 낙엽은 우수수 날리고 마음은 초조, 불안했다. 그때 우연히 서울 강남 대치동에서 논술 학원을 운영하는 대학 후배를 만나 학원계에 발을 들였다.

그 뒤로 약 1년간 논술 답안지 첨삭만 주구장창 했다. 그해에만 1천 장 이상 했을 것이다. 입시철 '파이널 특강' 기간에는 하루에 30~40명 이상 직접 대면 첨삭을 했다. 이전에도 나는 학원 강사로 여러 번 아르바이트를 한 적 있었기 때문에, 후배의 학원에서도 바로 강의를 시작할 줄 알았다. 그런데 첨삭만 하고 있으니 실망스러웠다. 후배는 논술 강사의 경력은 첨삭에서 시작한다는 믿음이 투철했다. 나중에 생각해 보면 그때 엄청나게 첨삭을 했던 일이 논술 강사로 일하는 데 커다란 공부가 되었다.

첨삭은 학생이 쓴 글을 고쳐 주는 일이다. 첨삭에는 서면 첨삭과 대면 첨삭이 있다. 서면 첨삭은 답안지 위에 빨간펜으로 표시하고 코멘트 하는 작업이고, 대면 첨삭은 직접 학생을 불러 앉혀 놓고 서면 첨삭한 답안지를 보면서 무엇이 문제이고 무엇을 잘했는지 설명해 주는 작업이다. 학생 입장에서는 자기 글을 강사가 어떻게 평가하는지 기대와 걱정이 모두 크기 마련이다. 이때 강사가 무자비하게 비판만 하면 학생은 주눅 들고 기가 꺾인다. 그렇다고 무조건 '잘했네 잘했어'라고만 하면 학생의 실력을 키울 수 없다. 그 미묘한 균형을 잘 잡는 게 강사의 역량이다.

처음 첨삭할 때는 의욕이 너무 앞서서 답안지 여기저기 줄을 긋고 평가를 쓰고 일일이 지적을 했다. 학생이 질린 표정이었다. 어떤 여학생은 눈물까지 글썽거렸다. 그때는 그저 학생의 잘못을 많이 지적해 주는 게 좋은 첨삭인 줄 알았다. 시간이 흐르면서, 중요한 건 학생의 글을 '디벨롭develop'해 주는 일임을 알게 되었다. 학생의 입장에서 생각해 보면 글을 못 쓰니까 학원에 오지 잘 쓰면 왜 학원에 다니겠는가? 그런 학생에게 잘못했네, 틀렸네 지적만 자꾸 하면 짜증이 날 수밖에 없다. "네 글은 방향을 아주 도전적으로 잘 잡았구나. 논지를 조금만 더 분명하게 제시하면 멋진 글이 되겠어. 표현을 이렇게 바꿔 보면 어떨까?" 하고 첨삭해 주면 학생도 자신감을 갖는다. 또 그런 학생이 실력이 는다. 다만 격려를 하더라도 두루뭉술하게 칭찬하면 소용이 없다. 칭찬은 구체적이어야 하고, 칭찬의 끝에는 반드시 개선 과제를 제시해 주어야 한다.

그 뒤로도 5년 동안 나는 수천 장의 답안지를 첨삭했고 나를 거친 많은 학생들이 당당히 대학에 합격했다. 합격 후 걸어오는 인사 전화를 받는 뿌듯함이란! 하지만 내가 첨삭을 통해 얻은 큰 성과는 상대의 눈높이에서 그 사람의 생각을 끌어내는 기술을 배운 것이다. 첨삭은 비유하자면 새가 알을 깨고 나오도록 밖에서도 껍질을 쪼아 주는 일과 같다.

2부

실전

그래 봤자
다섯 손가락이다

:: 5장 ::

핵심만 남기고 버려라
요약하기

'요약'이란 글을 줄이는 것이다. "제시문을 ~자 이내로 요약하시오."라는 논제는 알쏭달쏭한 구석이 전혀 없다. 그런데 학생들은 요약 유형의 논제를 어려워한다. 2,000자 분량의 글을 400자로 요약하라고 하면, 학생들은 글 전체를 5분의 1로 단순히 '압축'하면 된다고 생각한다. 예를 들어 모든 문장을 5분의 1 길이로 뎅겅뎅겅 잘라 버린다. 마치 요약을 빵 덩어리를 꽉 눌러 작은 빵 덩어리를 만드는 과정으로 생각하는 것 같다. 그렇게 요약한 글은 읽어도 무슨 말인지 알 수가 없다.

다음은 어느 제시문을 요약한 글이다.

〈A〉

해변을 걷다가 시계를 발견했다. 시계는 정교하고 복잡한 기계다. 이러한 사물의 존재를 설명할 길이 없다. 파도가 모래를 때려서는 시계를 만들 수 없다. 시계의 정교함은 지성의 산물임을 말한다. 생명의 세계를 보자. 생명의 세계에는 정교한 생명체들이 많다. 생명체들은 시계보다 복잡하고 생존과 복제에 적합하게 되어 있다. 이 생명체들은 신에 의해 만들어졌다.

무슨 말을 하는지 이해가 되는가? 시계 이야기를 하다가 갑자기 웬 신? 이번엔 같은 제시문을 요약한 아래 글을 보라.

〈B〉

모래 위에 놓인 정교하고 복잡한 시계는 결코 우연히 만들어진 것이 아니다. 그것은 시계를 만든 지성적인 존재 즉 시계공이 있었음을 의미한다. 생명체는 시계보다 훨씬 정교하고 복잡하며 환경에 잘 적응되어 있다. 이러한 생명체가 우연히 만들어졌다고 볼 수 없으며 엄청난 지성을 가진 창조자가 있다고 보아야 한다. 즉 생명체는 신에 의해 창조된 것이다.

어떤가? 똑같이 200자 분량으로 줄였는데, 〈A〉는 이해가 안 되지만 〈B〉는 요약문만으로도 충분히 의미가 전달된다. 요약의 대상이 된 제시문은 윌리엄 페일리라는 영국의 신학자가 19세기 초에 제기한 유명한 '시계공' 논증, 일명 '지적 설계 논증'이다.

당신이 해변을 걷다가 모래 위에 떨어져 있는 시계를 발견했다고 상상해 보라. 그것을 들여다봄으로써 당신은 그 시계가 정교하고 복잡한 기계라는 것을 발견할 것이다. (…) 이와 같이 정교한 사물의 존재를 어떻게 설명할 수 있을까? 파도가 모래를 때림으로써 시계가 우연히 만들어졌다는 설명은 설득력이 없다. 그것은 원숭이가 타자기 위를 아무렇게 뛰어다님으로써 셰익스피어의 작품이 씌어졌다고 주장하는 것과 마찬가지다. 시계의 정교함은 그것이 지성의 산물임을 보여준다. 시계를 만든 지성적인 존재자(시계공)가 있었기 때문에 시계가 존재한다.

생명의 세계를 한번 둘러보자. 생명의 세계에는 엄청나게 정교하고 환경에 잘 적응된 생명체들로 꽉 차 있다. 사실 생명체들은 시계보다 훨씬 복잡하다. 그리고 시계가 시간을 측정하는 일에 알맞게 되어 있듯이, 생명체들도 생존하고 복제(재생산)하는 일에 매우 적합하게 되어 있다. 우리는 생명체들이 그렇게 놀라울 정도로 정교하고 잘 적응되어 있다는 사실을 어떻게 설명할 수 있는가? 파도가 모래를 때리는 것과 같은 제멋대로의 과정에 의해 우연히 나무들, 악어들, 사람들이 존재하게 되었다고 설명하는 것은 설득력이 없다. 엄청난 지성을 가진 창조자가 생명체라 불리는 대단히 정교하고 잘 적응된 기계를 만들었다고 설명하는 것이 최상의 설명일 것이다. 그러한 존재자를 우리는 신이라고 부른다.

이 제시문의 핵심 논지는 단지 신의 존재를 주장하는 데 있지 않고, '시계-시계공'의 관계로부터 '생명-신'의 관계를 유추하는 데 있다. 시계가 우연히 만들어질 수 없는 것처럼, 복잡한 생명체가 우연히 탄생하는 일은 불가능하다는 것이다. 〈A〉의 필자는 문장을 줄이는 데만 급급해서 제시문의 핵심 논지를 드러내는 데 실패했다. 그러나 〈B〉는 제시문의 핵심 논지를 살리고 대신 군더더기를 쳐 내는 식으로 요약했다.

요약 유형 이해하기

요약이란, 생선에서 뼈대를 발라내듯 핵심적인 내용을 뽑아내는 것이다.

생선살에 해당되는 나머지 부분은 과감히 일반화하거나 미련 없이 생략해야 한다. 중요한 것만 취하고 덜 중요한 것은 버려라! 무엇이 중요한가? 핵심어(키워드)와 핵심 논지다. 덜 중요한 것은 사례, 부연 설명, 세부 논지다. 물론 얼마를 남겨 놓고 얼마를 버릴지는 논제가 요구하는 답안 분량에 따라 달라진다. 중요한 것은 요약된 글만으로도 한 편의 완전한 글이 되어야 한다는 것이다. 요약을 어떻게 하는지만 봐도 이 학생이 핵심 내용을 독해했는지 못했는지를 알 수 있다.

덧붙여 말하면 요약 연습을 많이 하면 어려운 글도 술술 잘 독해하게 된다. 하나의 글을 처음에는 절반으로 요약하고, 그다음에는 다시 그 절반으로, 그다음에는 다시 그 절반으로 요약하는 연습을 하라. 글의 최종 핵심을 찾아내는 눈이 자동적으로 길러진다.

　요즘에는 요약 유형이 상대적으로 출제 빈도가 낮지만, 그럼에도 심심치 않게 출제되는 편이다. 한국외대나 서울시립대는 꼬박 꼬박 요약형 논제를 다른 논제와 함께 출제한다. 별개의 논제로는 자주 나오지 않더라도 "제시문의 요지를 밝힌 다음 (…)"이라는 식으로 논제 안에 포함되어서 출제되기도 한다. 게다가 모든 논제는 직접적으로 요구하지 않더라도 '글의 정확한 요약'을 전제하고 있다! 글의 논지를 제대로 파악하지 않고서 비교, 설명, 비판, 견해 등의 요구에 대답하기란 불가능하다.

　요약 유형은 크게 다음과 같은 발문으로 출제된다.

- 제시문을 요약하라.
- 글의 요지를(논지를) 밝혀라.
- 제시문 〈1〉~〈4〉를 서로 다른 두 입장으로 분류하고 그 내용을 요약하라.

　제시문 하나를 요약하라 또는 제시문의 요지를 밝히라는 발문이 일반적인 요약 유형이다. 과거 고려대는 무척 어려운 장문의 글을 400자 내외로 요약하는 문제를 꽤 오랫동안 고수했는데, 그 문제 하나로도 합격과 불합격이 나뉠 만큼 변별력이 높았다고 한다. 핵심 논지를 찾느냐 못 찾느냐가 논술 실력을 이미 증명하는 것이고, 게다가 요약은 정답성이 높아 채점 기준을 적용하기가 용이하기 때문이다. 한편 여러 제시문을 두 입장으로 분류하여 요약하는 문제는 전통적으로 성균관대에서 출제되어 왔고 간혹 다른 대학교에서도 출제되고 있다. 성균관대는 매년 두 시간 내에 문제네 개를 풀게 하는데, 제시문 네다섯 개를 주고 분류+요약을 요구하는 1번 문제가 사실상 합격의 관건이다. 1번을 제대로 못 풀면 후속 문제의 풀이도 어그러지기 때문이다.

옛날 무인들은 집 앞의 수숫대를 매일 팔짝팔짝 뛰어넘으며 체력을 단련했다고 한다. 수숫대가 자라면서 점프력도 함께 향상되었을 것이다. 우리도 쉬운 논제에서 어려운 논제로 한 걸음 한 걸음 나아가며 요약 유형을 정복해 보자. 아래 문제를 혼자 풀어 본 다음 해설로 넘어가자.

요약 유형 연습하기

| 인하대학교 2009학년도 모의 논술 |

최초의 인류들은 간단한 몸짓이나 눈짓으로 서로 의사를 교환했을 것이다. 그러나 이러한 신체 언어는 조금만 거리가 떨어져도 의사를 교환할 수 없다는 한계를 가질 수밖에 없었다. 이때 필요한 것이 바로 소리였다. 이 단계의 소리는 아직 자음과 모음의 분절 체계조차 갖추지 못한 상태였겠지만, 나름대로 상황에 맞는 의사전달의 기능을 담당했다. 이러한 소리는 점차 규칙성을 획득하면서 한 언어

공동체의 말로 정형화된다.

이처럼 소리와 말은 의사소통의 공간을 확대하는 수단으로 사용되었다. 소리쳐 불러 서로 간에 의사소통이 이루어진다면, 거기까지한 개인의 영역이 확대된 셈이다. 물론 소리는 허공에 외치고 나면, 곧 사라진다. 이런 의미에서 소리는 저장성이 없지만, 주어진 상황에 곧바로 대응할 수 있는 즉각성, 유연성이라는 측면에서 매우 효율적인 의사소통의 수단이었다.

곧 사라져버리는 소리의 약점을 보완하기 위한 것이 그림(이미지)이다. 네안데르탈인과 크로마뇽인의 동굴 벽화는 허공에 흩어져버리고 마는 소리의 한계를 넘어서서 인간 경험을 눈으로 직접 확인하게 하고 영속화하는 데에 크게 기여했다. 동굴에 그려진 그림들은 주기적으로 지속적인 문화적 과정, 의식, 그리고 반복적인 신화와 설화를 담으면서 건축·회화·조각·음악·무용·문학 등의 발전 가능성으로 이어졌다. 그리고 이러한 이미지의 발전은 좀 더 추상화된 기회인 문자의 필요성으로 이어진다. 이제 시간의 일시성을 뛰어넘을 수 있는 기록의 문화가 시작된 것이다.

이처럼 인류의 의사소통 수단은 신체 언어에서 소리와 말의 단계로, 그리고 그림과 문자의 단계로 자연스럽게 발전해 왔다. 그러나 의사소통 수단의 발달이 이처럼 단선적인 것만은 아니다. 최근 멀티미디어의 발전은 소리, 말, 그림, 글이 복합적으로 사용되는 의사소통의 방식을 주로 사용하며, 심지어는 글보다는 그림을, 그림보다는 말을 선호하는 경향이 나타나고 있다. 예를 들어, 인터넷상의 채팅은 글의 형태를 가지고 있지만, 즉각적인 반응을 유도한다는 점에서는 말에 가깝고, 이모티콘(emoticon)과 같은 보조 이미지 활용을 통해 더욱 재미있고 감성적인 의사소통 수단으로 정착되고 있는 추세다.

논제. 제시문을 250자 내외로 요약하시오.

요약에 접근하는 방법을 이렇게 설명해 보자. 여러분이 유명 강사의 강연을 듣고 감동한 뒤 친구를 만났다고 하자. 친구가 여러분에게 "어떤 강연이었어? 이야기 좀 해 봐."라고 청해서 강연 내용을 소개해 주어야 한다. 강연 시작부터 끝까지 녹음기처럼 재현할 수는 없을 것이고 그러려고 하지도 않을 것이다. 여러분은 아마 이렇게 이야기할 것이다. "그 강연은 '성공'에 관한 거였어." 그리고 끝? 그러면 친구가 얼마나 황당할까. 그래서 이렇게 이야기를 덧붙인다. "강사는 인생에서 성공하는 데 세 가지가 중요하다고 이야기했어. 첫째는 독서, 둘째는 인맥 관리, 셋째는 건강이래." 친구가 더 캐물으면 당신은 "구체적으로 정리하면 하루 30분씩 독서를 하라, 매일 한 사람씩 전화를 하라, 일주일에 사흘은 운동을 하라는 내용이었어."라고 답할 것이다. 자, 지금 이 대화에 요약 유형을 해결하는 방법이 모두 들어 있다.

요약하기는 그 글을 보지 않은 사람에게 글의 핵심(생선의 뼈대)을 보여 주는 것이다. 강연을 듣지 않은 친구에게 장황하게 내용을 늘어놓기보다는, 무엇이 중요한 이야기이고 무엇이 굳이 전달하지 않아도 될 이야기인지 구분해야 한다.

요약하기 이렇게 하자

우선 글의 핵심어를 찾는다. 글 전체를 대표하는 핵심어가 무엇인가? 위의 강연 예시에서 당신이 찾은 핵심어는 '성공'이다.

다음으로 글의 논점을 찾는다. 국어사전에 따르면 논점이란 "논의나 논쟁 따위의 중심이 되는 문제점"이다. 쉽게 말하면 누군가에게 이야기를 풀어 나가기에 앞서 스스로에게 던지는 '질문'이다. 강연을 듣고 당신은 '인생에서 성공하려면 무엇이 중요한가?'라는 전체 논점과 '독서는 어떻게 하는가?', '인맥 관리는 어떻게 하는가?', '건강은 어떻게 관리하는가?'라는 세부 논점을 찾았다.

논점에 해당하는 논지를 찾는다. 역시 국어사전을 보면 논지란 "논하는 말이나 글의 취지"인데, 논점을 질문이라고 할 때 논지는 '질문에 대한 대답'이다. '인생에서 성공하려면 무엇이 중요한가?'라는 논점에는 '독서, 인맥 관리, 건강이 중요하다.'라는 답이 핵심 논지다. 다시 '독서는 어떻게 하는가?'라는 논점에는 '하루 30분씩 독서를 한다.'는 답이 논지다.

핵심어, 논점, 논지가 생선의 뼈대다. 나머지는 이 뼈대에 맞춰 재구성하거나 생략하자. 단 하나의 논점 아래에도 세부 논점, 세부 논지가 있으므로 분량을 고려해 어디까지 살리고 어디까지 버릴지 판단해야 한다.

다만 강연처럼 '말'이 아니라 '글'에서는 단락을 중심으로 논점과 논지가 배치되어 있다. 그러므로 단락을 따라 논지를 정리해 가면 쉽다.

이제 위의 기출 문제를 풀어 보자. 윗글의 핵심어를 찾았는가? 맞다. '의사소통'이 바로 핵심어다. 신체 언어, 소리, 말, 그림, 문자는 모두 의사소통의 수단이다. 이 제시문에서 '의사소통'이란 단어에 밑줄을 쳤거나 동그라미를 그려야 한다.

다음으로 윗글의 논점과 논지는 무엇일까? 무슨 주제에 대해 이야기하고 있으며, 그 주제에 대해 무엇이라고 답하고 있는가? 그렇다. "의사소통 수단은 어떻게 발전했는가?"라는 것이 이 글의 핵심 논점이다. 마지막 단락에 힌트가 있다.

이처럼 인류의 의사소통 수단은 신체 언어에서 소리와 말의 단계로, 그리고 그림과 문자의 단계로 자연스럽게 발전해 왔다.

그런데 이 문장에 이어 "그러나 의사소통 수단의 발달이 이처럼 단선적인 것만은 아니다."라는 문장이 나온다. '그러나' 같은 역접 접속어는 논점의 전환을 의미할 때가 많으므로 잘 봐야 한다. 의사소통 수단이 낮은 단계에서 높은 단계로 일직선으로만 발전한 게 아니라 복합적인 과정을 겪는다는 이야기가 이어서 나온다. 이 글에는 '의사소통 수단의 일반적인 발전 과정'과 '의사소통 수단의 복합적인 경향'이라는 두 개의 논점이 있고, 요약문에서는 이 것들을 다 드러내야 한다.

두 개의 논점과 두 개의 논지를 중심으로 요약문을 쓰고 나머지는 일반화하거나 생략한다. 가령 "네안데르탈인과 크로마뇽인의 동굴 벽화"란 세세한 표현은 '그림'이라는 더 큰 범주에 해당하니 생략해도 된다. 요약할 때 유의해야 할 것은 '작성자 자신의 표현'으로 바꾸어야 한다는 것이다. 다른 표현으로 정말 대체하기 힘든 일부 핵심어나 문구 외에는 제시문의 문장을 그대로 답안에 옮겨 쓰지 말아야 한다. 그런 발췌식 요약의 경우 감점을 주는 학교도 많다.

간혹 요약문 서술의 주어를 누구로 해야 하느냐고 묻는 학생도 있다. 가령 "〈가〉의 필자는 한국이 선진국이라고 말한다."라고 해야 하는지, "한국은 선진국이다."라고 해야 하는지에 관한 물음이다. 결론만 말하자면 둘 다 맞다. 하지만 요약의 생명은 간결성이므로 후자로 서술하는 게 더 낫다.

이 문제의 개요와 답안은 아래와 같다.

논점 1 인류의 의사소통 수단은 신체 언어에서 소리와 말의 단계로, 그림과 문자 단계로 발전했다.

논지 1 처음에는 몸짓과 눈짓으로 의사를 교환했으나 의사소통 공간을 넓히기 위해 소리와 말을 사용함.(신체 언어 →소리, 말로 발전한 이유를 부연 설명할 것.)

논지2 사라지는 소리의 약점을 보완하기 위해 그림과 글을 사용했고 이는 인간 경험의 영속화에 기여했음.(소리→ 그림, 글로 발전한 이유와 의미를 부연 설명할 것.)

논점2 그러나 의사소통 수단의 발달은 단선적이지 않다.
논지3 멀티미디어의 발달로 말, 그림, 글이 함께 사용되고, 글보다 그림, 말을 선호하는 경향도 나타남.(의사소통의 복합성을 부연 설명할 것.)

인류의 의사소통 수단은 신체 언어에서 소리와 말의 단계로, 그림과 문자의 단계로 발전해왔다. 인간은 몸짓과 눈짓으로 의사를 교환하다가 의사소통 공간을 확대하기 위해 소리와 말을 사용했고, 사라지는 소리의 약점을 보완하기 위해 그림과 글을 사용했다. 그림과 글은 인간 경험의 영속화에 기여했다. 그러나 의사소통 수단의 발달이 단선적인 것만은 아니다. 최근에 멀티미디어가 발달하면서 말, 그림, 글이 함께 사용되고, 글보다 그림과 말을 선호하는 경향도 있다. (253자)

고난이도 문제 연습하기

조금 더 어려운 문제에 도전해 보자. 여기 고난이도 제시문이 있다. 데카르트의 『방법서설』의 한 대목이다. 계몽철학자 데카르트는 인간이 어떻게 진리를 인식할 수 있는가를 놓고 머리에 쥐가 날 정도로 고민을 했다. 아래 글에서 데카르트는 진리 탐구의 확고한 출발점을 찾으려고 일부러 '방법적 회의'를 하고 있다. 다 같이 모여 토론하는 그 회의가 아니라 의심한다는 뜻의 '회의懷疑'이다. 그는 이것은 확실한가, 저것은 확실한가 하면서 하나씩 확실하지 않은 것을 소거해 나간다.

●

　나는 오직 진리 탐구에 전념하려고 하므로, 조금이라도 의심할 수 있는 것은 모두 전적으로 거짓된 것으로 던져 버리고, 이렇게 한 후에도 전혀 의심할 수 없는 것이 내 신념 속에 남아 있는지를 살펴보아야 한다고 생각했다. 그러므로 우리 감각은 종종 우리를 기만하므로, 감각이 우리 마음속에 그리는 대로 있는 것은 아무것도 없다고 가정했다. 그리고 아주 단순한 기하학적 문제에 있어서조차 추리를 잘못하여 오류 추리를 범하는 사람이 있으므로, 나 역시 다른 사람들과 마찬가지로 잘못을 저지를 수 있다고 판단하고, 전에 증명으로 인정했던 모든 근거를 거짓된 것으로 던져 버렸다. 끝으로, 우리가 깨어 있을 때에 갖고 있는 모든 생각은 잠들어 있을 때에도 그대로 나타날 수 있고, 이때 참된 것은 아무것도 없음을 알았기 때문에, 지금까지 정신 속에 들어온 것 중에서 내 꿈의 환영보다 더 참된 것은 아무것도 없다고 생각하기로 결심했다. 그러나 이런 식으로 모든 것이 거짓이라고 생각하고 있는 동안에도, 이렇게 생각하는 나는 반드시 어떤 것이어야 한다는 것을 알게 되었다. 그리고 '나는 생각한다. 그러므로 나는 존재한다'라는 이 진리는 아주 확고하고 확실한 것이고, 회의론자들이 제기하는 가당치 않은 억측으로도 흔들리지 않는 것임을 주목하고서, 이것을 내가 찾고 있던 철학의 제1원리로 거리낌 없이 받아들일 수 있다고 판단했다. 그런 다음에, 내가 무엇인지를 주의 깊게 고찰했으며, 이때 다음과 같은 것을 알게 되었다. 즉, 나는 신체를 갖고 있지 않으며, 세계도 없으며, 내가 있는 장소도 없다고 상상할 수 있지만, 그렇다고 해서 내가 전혀 존재하지 않는다고 생각할 수는 없고, 오히려 반대로 내가 다른 것의 진리성을 의심하려고 생각하고 있다는 사실 자체에서 내가 존재한다는 것이 아주 명백하고 확실하게 귀결되고 있음을 알게 되었다. 그러나 내가 그때까지 상상했던 나머지 다른 것들이 설령 참이라고 하더라도, 내가 단지 생각하는 것만 중단한다면, 내가 존재하고 있었다는 것을 믿게 할 만한 아무런 근거도 없음을 알았다. 이로부터 나는 하나의 실체이고, 그 본질 혹은 본성은 오직 생각하는 것이며, 존재하기 위해 하등의 장소도 필요 없고, 어떠한 물질적 사물에도 의존하지 않는 것임을 알게 되었다. 그래서 이 나, 즉 나를 나이게끔 해 주는 정신은 물체와는 전적으로 다른 것이며, 심지어 물체보다 더 쉽게 인식되고, 설령 물체가 존재하지 않는다고 하더라도 정신은 스스로 중단 없이 존재하는 것이다.

논제. 위 글을 400자 내외로 요약하시오.

어려운 글인 데다 단락도 나눠져 있지 않아서 요약이 쉽지 않을 것이다. 이번엔 아예 예시 답안을 먼저 읽고, 윗글을 답안으로 어떻게 요약했는지 살펴보자.

나는 조금이라도 의심할 수 있는 것은 모두 버린 후에 의심할 수 없는 것을 찾는 방식으로 진리를 탐구하려 한다. 감각적 경험과 이전의 증명은 거짓과 오류가 있을 수 있으므로 모두 버리기로 한다. 또 꿈과 현실을 명확히 구분하기 힘들므로 현실에 존재한다고 믿을 수 있는 것은 없다고 여긴다. 그러나 모든 것이 거짓이라도 이렇게 생각하는 나는 존재해야 한다. 따라서 '나는 생각한다. 그러므로 나는 존재한다'라는 진리를 철학의 제1원리로 수용할 수 있다.

이 원리에 근거하여 나의 본질을 생각할 때, 신체, 사물, 장소 등은 모두 불확실하며 오로지 내가 그것을 의심한다는 사실만이 내 존재의 증거이다. 따라서 나의 본질은 정신에 있고, 정신은 장소나 사물에 의존하지 않으며, 정신이 존재하는 한 나는 실체를 가진다고 말할 수 있다. (406자)

요약 답안을 작성할 때 신경 써야 할 것은 분량이다. 이 논제에서 답안의 분량은 400자로 정해져 있다. 앞서 단락을 나누는 기준을 300자 정도로 잡으라고 했다. 400자는 조금 애매한데, 이럴 때는 가능하면 단락을 나누도록 한다. 논점을 다양하게 드러내는 게 득점에 유리하기 때문이다.(실제로 어떤 글이든 세부 논점이 다양할수록 읽기가 재미있다.) 예시 답안의 경우 요약문을 두 단락으로 짰고, 제시문을 두 개의 논점으로 구분해서 읽었다. 문제 해결을 완료하고 나서 답안의 구조를 고민하기보다 답안의 구조를 먼저 정하고 거기에 맞춰 문제에 접근하는 게 효율적이다.

　제시문이 긴데 단락이 나뉘어져 있지 않다. 어떻게 논점을 구분할까? 데카르트는 진리 탐구에 전념하기 위해 그 출발점이 되는 제1원리를 찾으려 했고, '나는 생각한다. 그러므로 나는 존재한다.'를 제1원리로 수용한다. '그런 다음에' 그는 '내가 무엇인지를' 고찰해 들어간다. 자신의 정체성을 탐구하는 것이다. '그런 다음에'를 기준으로 앞에는 '제1원리'를 찾는 과정이, 뒤에는 '자신의 정체성'을 찾는 과정이 서술된다. 즉 두 개의 논점으로 구분되어 있다. 사선(/)을 '그런 다음에' 앞에 그어 놓고 편의상 그 앞을 1부, 뒤를 2부라 하자.

　1부를 먼저 분석하자.

　① 나는 오직 진리 탐구에 전념하려고 하므로, 조금이라도 의심할 수 있는 것은 모두 전적으로 거짓된 것으로 던져 버

리고, 이렇게 한 후에도 전혀 의심할 수 없는 것이 내 신념 속에 남아 있는지를 살펴보아야 한다고 생각했다.

요약 나는 조금이라도 의심할 수 있는 것은 모두 버린 후에 의심할 수 없는 것을 찾는 방식으로 진리를 탐구하려 한다.

해설 진리 탐구의 방법을 총론적으로 설명하고 있으므로 마구 줄일 수 없다. 최대한 살려야 하는 부분이다.

② 그러므로 우리 감각은 종종 우리를 기만하므로, 감각이 우리 마음속에 그리는 대로 있는 것은 아무것도 없다고 가정했다. // 그리고 아주 단순한 기하학적 문제에 있어서조차 추리를 잘못하여 오류 추리를 범하는 사람이 있으므로, 나 역시 다른 사람들과 마찬가지로 잘못을 저지를 수 있다고 판단하고, 전에 증명으로 인정했던 모든 근거를 거짓된 것으로 던져 버렸다. // 끝으로, 우리가 깨어 있을 때에 갖고 있는 모든 생각은 잠들어 있을 때에도 그대로 나타날 수 있고, 이때 참된 것은 아무것도 없음을 알았기 때문에, 지금까지 정신 속에 들어온 것 중에서 내 꿈의 환영보다 더 참된 것은 아무것도 없다고 생각하기로 결심했다.

요약 감각적 경험과 과거의 증명은 거짓과 오류가 있을 수 있으므로 모두 버리기로 한다. 또 꿈과 현실을 명확히 구분하기 힘들므로 현실에 존재한다고 믿을 수 있는 것은 없다고 여긴다.

해설 필자는 감각, 추리와 증명, 꿈과 현실의 세 가지 측면을 짚어 가며 이것들은 진리의 출발점일 수 없다고 비판하고 있다. 좀 어려운 부분이 꿈과 현실에 대한 논의이다. 우리는 가끔 현실과 구분할 수 없을 정도로 생생한 꿈을 꾸는데, 그렇다면 우리의 '정신 속에 들어온' 현실이라는 이미지가 과연 꿈이 아니라고 확신할 수 있는가, 그런 이야기다. 이 세 가지 지적은 결론으로 가기 위한 중요한 논증이므로 분량이 허용하는 한 살리는 게 좋다.

③ 그러나 이런 식으로 모든 것이 거짓이라고 생각하고 있는 동안에도, 이렇게 생각하는 나는 반드시 어떤 것이어야 한다는 것을 알게 되었다. 그리고 '나는 생각한다. 그러므로 나는 존재한다.'라는 이 진리는 아주 확고하고 확실한 것이고, 회의론자들이 제기하는 가당치 않은 억측으로도 흔들리지 않는 것임을 주목하고서, 이것을 내가 찾고 있던 철학의 제1원리로 거리낌 없이 받아들일 수 있다고 판단했다.

요약 그러나 모든 것이 거짓이라도 이렇게 생각하는 나는 존재해야 한다. 따라서 '나는 생각한다. 그러므로 나는 존재한다.'라는 진리를 철학의 제1원리로 수용할 수 있다.

해설 1부의 결론. '나는 생각한다. 그러므로 나는 존재한다.'라는 구절은 빼면 안 되고 다른 말로 바꾸어도 안 된다. 그 구절을 중심으로 다른 문장들은 과감히 압축한다.

2부로 넘어가자.

④ 그런 다음에, 내가 무엇인지를 주의 깊게 고찰했으며, 이때 다음과 같은 것을 알게 되었다. 즉, 나는 신체를 갖고 있지 않으며, 세계도 없으며, 내가 있는 장소도 없다고 상상할 수 있지만, 그렇다고 해서 내가 전혀 존재하지 않는다고 생각할 수는 없고, 오히려 반대로 내가 다른 것의 진리성을 의심하려고 생각하고 있다는 사실 자체에서 내가 존재한다는 것이 아주 명백하고 확실하게 귀결되고 있음을 알게 되었다. 그러나 내가 그때까지 상상했던 나머지 다른 것들이 설령 참이라고 하더라도, 내가 단지 생각하는 것만 중단한다면, 내가 존재하고 있었다는 것을 믿게 할 만한 아무런 근거도 없음을 알았다.

요약 이 원리에 근거하여 나의 본질을 생각할 때, 신체, 사물, 장소 등은 모두 불확실하며 오로지 내가 그것을 의심한다는 사실만이 내 존재의 증거이다.

해설 이 단락은 이 한 문장으로 과감히 일반화해도 무방하다. 다만 쉽지는 않은 내용이다. 혹시 '통 속의 두뇌'라는 가상 실험을 아는지? 누군가 나의 뇌를 통 속에 넣고, 전극을 뇌에 꽂아 내가 정상적인 생활을 하고 있는 것 같은 환상을 주입하고 있다고 하자. 나는 건장한 팔다리로 주변 사물(세계)과 접촉하며 분명히 내 집이나 회사나 학교에 거처하고 있다. 하지만 이 모두가 환상에 불과한 것이다. 그럼 '나'라는 존재 자체가 환상인 것일까? 적어도 이 모두가 환상이라고 의심하는 한 '나'는 존재한다.

⑤ 이로부터 나는 하나의 실체이고, 그 본질 혹은 본성은 오직 생각하는 것이며, 존재하기 위해 하등의 장소도 필요 없고, 어떠한 물질적 사물에도 의존하지 않는 것임을 알게 되었다. 그래서 이 나, 즉 나를 나이게끔 해 주는 정신은 물체와는 전적으로 다른 것이며, 심지어 물체보다 더 쉽게 인식되고, 설령 물체가 존재하지 않는다고 하더라도 정신은 스스로 중단 없이 존재하는 것이다.

요약 따라서 나의 본질은 정신에 있고, 정신은 장소나 사물에 의존하지 않으며, 정신이 존재하는 한 나는 실체를 가진다고 말할 수 있다.

해설 2부의 결론. 데카르트는 인간을 신으로부터 독립된 개별적 정신으로 여겼으며, 이로부터 근대 철학, 근대 과학이 출발했던 것이다.

대강 요약에 대해 감이 잡히는가? 독해력을 향상하려면 요약 훈

런을 많이 하라는 말을 잊지 말자. 이제 비교 유형으로 넘어가자.

:: 6장 ::

비교 기준을 찾아라
비 교 하 기

　　비교 유형은 논술에서 약방의 감초처럼 거의 빠지지 않고 출제
되는 유형이다. 비교의 발문은 아래와 같이 나오곤 한다.

- 〈가〉와 〈나〉를 비교하시오.
- 〈가〉, 〈나〉의 차이점을 쓰시오.
- 제시문 〈1〉과 〈2〉 논지의 공통점과 차이점을 밝히시오.
- 〈A〉와 〈B〉를 비교·분석하시오.
- 제시된 두 입장이 어떻게 다른지 대조하시오.
- 제시문 〈가〉, 〈나〉, 〈다〉를 '사실과 가치에 대한 견해'를 중
  심으로 비교하시오.

　　제시문 두 개를 비교하는 문제가 일반적이지만, 가끔 제시문 세

개 혹은 제시문 네 개를 비교하는 문제도 출제된다. 그러면 난이도는 극강으로 올라간다. 하지만 그 경우에도 제시문 두 개를 비교하는 방법을 알고 있으면 큰 어려움 없이 대처할 수 있다. 비교 문제는 단독으로도 출제되지만 흔히 설명하기, 비판하기, 평가하기(견해 쓰기) 등의 문제와 함께 출제된다. 후속 문제를 풀기 위한 사전 작업으로 비교를 요구하는 것이다.

비교 유형 이해하기

비교란, '차이를 드러내기'다. 차이를 드러내어 '쟁점'을 만들고, 그 쟁점에서 입장들이 싸우게 만들어야 한다.

자기 논술 실력을 테스트하고 싶다며 찾아오는 학생들이 가끔 있는데, 그 학생들에게 간단한 비교 문제를 풀어 보게 하면 실력을 바로 알 수 있다. '〈가〉와 〈나〉를 비교하시오.'라는 문제에 대해 학생들 90퍼센트는 '〈가〉는 어쩌고 저쩌고, 〈나〉는 이렇고 저렇고' 하며 제시문 두 개의 내용을 차례로 쭉 서술한다. 예컨대 '저건 돌이고 이건 빵이다.'라는 식으로 쓴다. 돌이고 빵이어서 뭐 어쩌자는 것인지?

'저건 돌이어서 먹을 수 없고, 이건 빵이라서 먹을 수 있다.' 이렇게 해야 제대로 된 비교다. '저건 돌이라는 무기물이고, 이건 빵이라는 유기물이다.'라고 해도 좋은 비교다. 전자는 먹을 수 있는지 여부라는 비교 기준에 따른 비교이고, 후자는 물질의 성분을 비교 기준으로 삼았다. 돌에 대한 설명과 빵에 대한 설명을 그냥 차례대로 쓰는 것은 아무 의미가 없다. 돌과 빵이 어떤 기준에서 어떤 의미 있는 차이를 보이는지 밝혀야 한다. 그러려면 비교 기준을 설정함으로써, 단지 둘 이상의 서로 다른 대상을 나열하는 게 아니라 두 대상의 차이점을 선명하게 드러내야 한다.

비교 기준이 있어야 한다

비교할 때는 반드시 비교 기준에 근거해야 한다. 즉 비교 유형 문제의 풀이는 적절한 비교 기준을 찾아내느냐에 달렸다.

간단한 예시 문제를 하나 살펴보자.

| 한양대학교 2010학년도 수시 2차(인문) 논술 |

〈가〉

식민지 경영의 역사적 경험을 공유하고 있는 프랑스와 영국은 이민·동화의 정책 추진에 있어 흥미로운 관점을 제공한다. 과거 식민지 구성원을 강력한 동화 정책으로 통치했던 프랑스는 전후의 노동력 부족을 메우기 위해 이민자를 받아들였고, 이들을 인종과 문화의 차이에 상관없이 새로운 사회의 구성원으로 통합하는 적극적 동화 정책을 일찌감치 시행했다. 그 결과 아프리카와 중동의 많은 사람들은 프랑스인이 되었고, 자국에서 개최된 1998년 월드컵에서 식민지 출신 선수들의 맹활약으로 프랑스는 우승을 차지하기도 했다.

프랑스는 자국 문화의 우수성이라는 신념을 바탕으로 이민자들의 문화적 차이를 흡수·통합하는 정책을 추진했으나, 그러한 정책은 균열을 드러내고 있다. 예를 들면 2004년 이슬람계 여성의 학교 내 히잡 착용을 금지하는 법안이 통과된 데 이어, 최근에는 리옹을 중심으로 거리에서도 히잡 착용을 금지하려는 움직임이 있어 이슬람계 이주자들의 반발을 사고 있다. 이에 대해 일각에서는 사회통합이라는 미명 하에 이슬람의 고유한 문화를 뿌리째 뽑으려는 이러한 태도가 이슬람계 사람들에 대한 차별로 작용하여 그들의 적대적인 행동을 촉발할 수 있다는 우려를 표명하고 있다. 2005년 11월에 발생한 프랑스 소요사태 역시 이러한 문제와 무관하지 않다.

영국 역시 노동력 부족을 해결하기 위한 방편으로 이민 정책을 추진해 왔고, 그 결과 각 분야에서 이민자들의 역할이 점점 증대하고 있는 실정이다. 이들에 대한 영국의 동화 정책은 식민지 통치이념을 따르는 소극적 동화의 형태를 띤다. 다시 말해 이방인들의 특성을 어느 정도 인정하지만, 영국 문화가 세계의 중심이라는 우월의식을 바탕으로 한 전략이었다.

그런데 최근 들어 영국은 이민자들에 대한 통제를 강화하려는 움직임을 보이고 있다. 영국 정부는 의사와 간호사, 교사 같은 전문직 외국인들에게 우선적으로 이민을 허용하는 반면, 외국인 노동자들의 이민을 제한하는 방향으로 이민법 개혁을 추진 중이다. 또한 망명 신청이 기각된 사람들의 추방 조치를 강화하고, 영국에 입국하는 모든 외국인들에 대한 지문 등록을 실시할 방침이다. 영국 국민들은 서구 사상과 문화의 요람 역할을 한 영국의 성격이 잠식될 위기에 처해 있고 언젠가는 사라질지도 모른다는 위기의식을 드러내고 있는 것이다. 영국적 정체성 상실에 대해 과민하게 표출되는 이러한 반응은 국내 정치의 맥락에서 이민자들에 대한 통제의 강화로 이어지고 있다.

(제시문 〈나〉 생략)

논제. 제시문 〈가〉에 나타난 두 나라의 이민·동화 정책을 비교하고, 제시문 〈나〉를 바탕으로 프랑스와 영국의 정책을 비판하시오. (600자 내외)

이 장에서는 제시문 〈가〉에 관한 비교만 다룰 것이다. 제시문 〈나〉를 바탕으로 비판하는 부분은 뒤의 8장에서 마저 살펴보자. 제시문 〈가〉를 읽어 보면 내용이 그리 어렵지 않다. 영국과 프랑스가 서로 다른 정책을 쓴다는 것은 즉각 알 수 있다. 그러면 문제도 쉽게 풀릴까? 아래와 같이 썼다면 비교가 잘 이루어졌다고 할 수 있을까?

제시문 〈가〉에서 프랑스는 노동력 부족을 메우기 위해 이민자를 받아들였고, 인종과 문화의 차이에 상관없이 이들을 통합하는 적극적 동화 정책을 실시했다. 프랑스는 자국 문화의 우수성이라는 신념을 바탕으로 이민자들을 흡수, 통합했다. 하지만 최근 이슬람계 여성의 히잡 착용을 금지하는 조치로 이슬람계의 반발을 사고 있다. 영국 역시 노동력 부족을 메우기 위해 이민 정책을 추진해왔다. 영국의 동화 정책은 식민지 통치를 따르는 소극적 동화 정책이다. 이방인들의 특성을 인정하지만 영국 문화가 중심이라는 우월의식이 강하다.

  제시문으로 읽었을 때나 비교 답안으로 읽었을 때나 별반 차이가 없고 '소극적', '적극적'이라는 개념 외에는 특별히 무엇이 다른지 와 닿지 않는다. 왜 그럴까? 프랑스에 관한 설명과 영국에 관한 설명을 차례대로 요약했을 뿐 비교했다고 할 수 없기 때문이다.(제시문 두 개를 비교하는 경우라면 학생들은 대개 제시문을 차례대로 요약한다.) 많은 학생들이 비교 유형 문제를 이런 식으로 쓴다. 비교는 그저 두 제시문이 '다르다'는 걸 보여 주는 게 아니라, 비교 기준에 따라 '차이'를 명확히 대비하는 것이다. 제시문을 차례대로 요약하는 것은 좋은 점수를 받기 힘들다.

  프랑스의 정책을 기계적으로 요약해서 늘어놓고 이어서 영국의 정책을 요약해서 늘어놓기보다는 "A라는 지점에서 볼 때 프랑스는 길고 영국은 짧다."든가 "B의 측면에서는 영국이 밝고 프랑스는 어둡다."고 해야 한다. 다행히 이 문제에서는 '이민 동화 정책'이라는 핵심 비교 기준이 명확하게 제시되어 있다.

  비교 문제에서 명시적으로 차이를 찾으라고 요구하지 않고 그저

"비교하라"고만 나왔을 때는 공통점도 간략히 밝혀 주면 좋다. 비교의 목표는 궁극적으로 차이점을 드러내는 데 있지만, 공통점을 짚어 주고 차이점으로 나아가면 차이점이 더 선명하게 대비되어 보인다.

비교표는 필수다

비교 유형을 풀 땐 반드시! 비교표를 만들어 체계적으로 비교하라. 그래야 비교 기준도 명확해지고, 비교하는 내용들끼리 호응시키기도 좋다. 공통점과 핵심 비교 기준부터 찾아보자.

	프랑스	영국
공통점	두 나라 모두 이민 동화 정책의 목적은 노동력 확보이다.	
정책의 특징	이민자들을 흡수 통합하는 적극적 동화 정책 (프랑스의 문화 정체성을 강요함)	이민자들의 특성을 인정하는 소극적 동화 정책 (영국의 문화 정체성을 배타적으로 보호함)

핵심적인 차이점인 '적극적 동화 정책'과 '소극적 동화 정책'의 경우 정책의 내용이 무엇인지까지 밝혀야 충실한 비교라고 할 수 있다. 프랑스는 모든 이주자를 '하나의 프랑스' 안에 흡수하려 하고, 영국은 함께 살기는 하되 영국인의 공간과 이주자의 공간을 분리하려고 한다.

이제 첫 번째 비교 내용으로부터 연결되는 또 다른 비교 기준을 찾아보자. 비교 기준은 적어도 둘 이상 찾는 게 좋다. 다양한 비교 기준을 찾아서 비교해야 제시문의 차이를 더 정확히 이해할 수 있다. 비교 기준을 여러 개 찾는 것이 어렵다면, 단추 구멍 채우기를 상상해 보자. 이쪽에 단추가 있으면 저쪽에 단추 구멍이 있을 것이고 저쪽에 단추 구멍이 있으면 이쪽에 단추가 있을 것이다.

프랑스에서는 프랑스 문화를 강요하다 보니 타 문화를 억압하게 되어 반발과 소요가 있는 것 같다. 이슬람계 이주자들의 적대적 행동이 우려된다는 내용에서 알 수 있다. 이것은 프랑스 이민 동화 정책의 폐해일 것이다. 여기서 아이디어를 얻어 영국의 이민 동화 정책에도 폐해가 있을 것이라고 가정한 다음, 어떤 폐해가 있을지 찾아보자. 비교 기준을 염두에 두고 제시문을 살피면 이민자 제한, 지문 등록 등 외국인 차별에 관한 내용이 눈에 들어온다. 이를 정리하면 비교표가 완성된다.

	프랑스	영국
공통점	두 나라 모두 이민 동화 정책의 목적은 노동력 확보이다.	
정책의 특징	이민자들을 흡수 통합하는 적극적 동화 정책 (프랑스의 문화 정체성을 강요함)	이민자들의 특성을 인정하는 소극적 동화 정책 (영국의 문화 정체성을 배타적으로 보호함)
정책의 폐해	타 문화 억압으로 인한 사회적 갈등 (이슬람계 이주자의 적대적 행동)	이민자 유입의 제한과 이민자에 대한 차별 (지문 등록이나 강제 추방)

화살표는 생각의 흐름을 나타냄

위의 비교표를 답안으로 옮기면 다음과 같다.

프랑스와 영국의 이민 동화 정책은 그 목적이 노동력 확보란 점, 또 정책의 배경에 자국 문화에 대한 우월의식이 있다는 것이 공통적이다. 그러나 두 정책의 특징을 보면, 우선 프랑스의 정책은 이민자들을 흡수 통합하는 적극적 동화 정책인 반면 영국은 이민자들의 특성을 인정하는 소극적 동화 정책이라는 점이 다르다. 두 정책은 모두 폐해를 낳았는데, 프랑스는 자국의 문화 정체성을 강요하다 보니 타 문화를 억압하게 되어 이민자의 반발과 갈등을 일으키고 있다. 한편 영국은 자국의 문화 정체성을 배타적으로 보호하기 위해 이민자 유입을 제한하고 지문 등록을 강요하는 등 이민자를 차별하고 있다. (327자)

여러 번 말하지만 논술은 타인에게 보여 주는 글이다. 역지사지하여 타인의 시각으로 최대한 이해하기 쉽게 써야 한다. 비교표를 만들어 보면 푸는 사람의 머릿속이 정리되고, 비교표를 글로 옮기면 독자들도 차이를 명쾌하게 알 수 있다. 이때 비교 기준에 따라 두 제시문의 논지가 서로 호응하도록 만든다. 문장은 문장과, 단어는 단어와, 개념은 개념과 짝을 맞추자. 가령 칠수와 만수를 비교할 때 칠수의 외모를 만수의 외모와, 칠수의 성적을 만수의 성적과, 칠수의 장래 희망과 만수의 장래 희망을 비교하는 것과 같다. 만약 칠수의 외모를 만수의 성적과 비교한다든가 만수의 성적을 칠수의 장래 희망과 비교하면 얼마나 황당하겠는 가.("만수는 학급 성적이 끝에서 두 번째래. 그런데 칠수는 연예인이 꿈 이라더라.") 그런데 이런 식으로 비교를 풀어 가는 학생들이 종종 있다.

비교 유형 답안을 서술하는 방법

비교 유형의 답안을 서술할 때는 다음의 두 가지 방식이 모두 가능하다. 하나는 제시문을 해체하고 비교 기준에 맞춰 논지들을 골라서 정리하는 방법이고(서술 방법 1), 다른 하나는 제시문의 내용을 비교 기준에 맞춰 요약식으로 정리하는 방법이다(서술 방법 2). 논제에서 "두 제시문의 '자아 실현의 태도'를 비교하라."처럼 비교 기준을 처음부터 제시해 줄 때는 대체로 방법 1이 좋고, 특정한 비교 기준을 주지 않은 채 그냥 〈가〉와 〈나〉를 비교하라고 하면 방법 2도 나쁘지 않다. 방법 2를 택하더라도 비교 기준에 따라 내용이 호응하는지 유의해야 한다. 자칫하면 앞에서 지적한 대로 단순한 '요약문 나열'이 될 수 있기 때문이다.

서술 방법 1에서도 반드시 단락 하나에 하나의 비교 기준만 서술할 필요는 없다. 핵심 비교 기준과 부차적인 비교 기준을 답안에 어떻게 배치해 넣을지는 문제마다 유연하게 접근하면 된다.

서술 방법 1

비교 기준 1	제시문 〈가〉: 긍정적 제시문 〈나〉: 부정적
비교 기준 2	제시문 〈가〉: 개인적 제시문 〈나〉: 사회적
비교 기준 3	제시문 〈가〉: 적극적 제시문 〈나〉: 소극적

서술 방법 2

제시문 〈가〉	비교 기준 1에 관해 긍정적 비교 기준 2에 관해 사회적 비교 기준 3에 관해 적극적
제시문 〈나〉	비교 기준 1에 관해 부정적 비교 기준 2에 관해 개인적 비교 기준 3에 관해 소극적

조금 감이 잡히는가? 그럼 이번에는 비교 유형에서 다른 유형으로 연결되는 문제를 살펴보자. 앞서 3장에서 살펴본 적용 유형에 해당하는 문제다.

| 건국대학교 2006학년도 정시 논술 |

〈가〉

무릇 사대부 집안의 법도는 벼슬길에 높이 올라 권세를 날릴 때에는 빨리 산비탈에 셋집을 내어 살면서 처사(處士)로서의 본색을 잃지 않아야 한다. 그러나 만약 벼슬길이 끊어지면 빨리 서울 가까이 살면서 문화(文華)의 안목을 잃지 않도록 해야 한다.

지금 내가 죄인이 되어 너희들에게 아직은 시골에 숨어서 살게 하였다만, 앞으로의 계획인즉 오직 서울의 십리 안에서만 살게 하겠다. 만약 집안의 힘이 쇠락하여 서울 한복판으로 깊이 들어갈 수 없다면 잠시 서울 근교에 살면서 과일과 채소를 심어 생활을 유지하다가 재산이 조금 불어나면 바로 도시 복판으로 들어가도 늦지는 않다.

화와 복의 이치에 대하여 옛날 사람들도 오래도록 의심해 왔다. 충과 효를 한다 해서 꼭 화를 면하는 것도 아니고 방종하여 음란한 짓을 하는 사람이라고 꼭 박복하지만은 않다. 그러나 착한 행동을 하는 것은 복을 받을 수 있는 당연한 길이므로 군자는 애써 착하게 살아갈 뿐이다. 옛날부터 화를 당한 집안에서 살아남은 사람들은 반드시 먼 곳으로 도망가 살면서도 더 멀고 깊은 곳으로 들어가지 못했음을 걱정하곤 했다. 그리하면 마침내 노루나 산토끼처럼 문명에서 멀어진 무지렁이들이 돼버릴 뿐이다.

무릇 부하고 귀한 권세 있는 집안은 눈썹을 태울 정도의 급박한

재난을 당하여도 느긋하게 걱정 없이 지내지만, 재난당할 것을 두려워하여 먼 시골 깊은 산속에 들어가 사는 몰락하여 버림받은 집안은 겉으로는 태평이 넘쳐흐르는 듯하지만 마음속에는 항상 근심을 벗어나지 못하고 살아간다는 말이 있다. 그 이유를 살펴보면 대개 그늘진 벼랑 깊숙한 골짜기에서는 햇볕을 볼 수가 없고 함께 어울려 지내는 사람은 모두 버림받은 쓸모없는 사람이라 원망하는 마음만 가득하기 때문에 그들이 가진 견문이란 실속 없고 비루한 이야기뿐이다. 그러하기 때문에 한번 멀리 떠나면 영영 다시 돌아오지 않게 된다.

진정으로 바라노니, 너희들은 항상 심기를 화평하게 하여 벼슬길에 있는 사람들과 다르게 생활하지 말거라. 자손 대에 이르러서는 과거에 응시할 수 있고 나라를 경륜하고 세상을 구제하는 일에 뜻을 두도록 해라. 천리(天理)는 돌고 도는 것이니 한번 넘어진 사람이라서 반드시 다시 일어나지 못하는 것은 아니다. 만약 하루아침의 분노를 이기지 못하여 서둘러 먼 시골로 이사가 버린다면 무식하고 천한 백성으로 일생을 끝마치고 말 뿐이다.

_다산 정약용의 편지에서

〈나〉

어둠 속에서 짐승이 울부짖고, 수다스런 원숭이가 떠들썩하게 속세를 나무라고 있었다. 다사는 벌꿀을 찾는 일을 잊고 말았다. 호화롭게 깃털에 윤기가 반들반들 흐르는 몇 마리의 작은 새 소리에 귀를 기울이고 있자니까, 마치 작은 밀림처럼 우거진 고사리 덤불 사이에 난 발자국이 그의 눈에 띄었다. 아주 작은 오솔길이었다. 소리가 나지 않게 조심스럽게 헤치고 그 오솔길을 더듬어 가자니까 가지가 많은 나무 아래 조그만 움막 한 채가 보였다. 뾰족한 천막으로 고사리 덤불을 엮어서 만든 것이었다. 움막 옆의 땅바닥에서 한 사내가 몸을 바로 세우고 부동자세로 앉아서 가부좌한 다리 사이에 두 손을 가만히 올려놓고 있었다. 흰 머리칼과 넓은 이마 아래는 침착하면서 생기 없는 눈이 땅을 내려다보고 있었다. 눈을 뜨고는 있으나 자기의 내면을 성찰하는 눈이었다.

(중략)

나무는 가지와 잎으로 호흡하면서 움직이지만 요가 수도자는 미동도 하지 않고, 신들의 조각처럼 움직이지 않고 그 자리에 앉아 있었다. 그를 본 순간부터 소년도 움직이지 않고, 땅에 박힌 듯이, 사슬에 묶인 듯이 가만히 서서 마법에 홀린 듯 이 광경에 취해 있었다. 그는 선 채로 수도자를 바라보며, 햇빛 한 조각이 어깨에도, 쉬고 있는 두 손에도 비치는 것을 보았다. 그렇게 선 채로 감탄하는 동안에 햇빛도, 숲에서 들리는 새의 지저귐도, 원숭이 소리도, 명상자의 얼굴로 다가와 살갗 냄새를 맡으며 볼 위를 조금 기어 다니다가 날아가고 날아오고 하는 갈색 꿀벌도, 숲의 다양한 생활도, 이 사람과는 아무 상관도 없다는 것을 소년은 이해하기 시작하였다. 눈에 보이고 귀에 들리는 이들 모든 것은, 아름답든 흉하든, 사랑스럽든 공포감을 주든, 그 모든 것은 수도자와는 아무 상관이 없다는 것을 다시는 알았다. 비도 그에게 한기를 느끼게 하거나 불쾌하게 할 수 없으며, 불도 그를 태울 수가 없으리라.

(중략)

여기는 모든 것이 옛날 그대로였다. 이곳에는 세월의 흐름도, 살인도, 고통도 없었다. 이곳에서는 시간과 생활이 수정처럼 견고하고, 멈춰 있고, 영원한 것처럼 보였다. 그는 수도자를 바라보았다. 첫눈에 보고 느끼던 감탄과 사랑과 존경이 그의 마음에 피어났다. 움막을 보고는 다음 장마철이 시작되기 전에 약간 고쳐야겠구나 하고 그는 생각하였다. 거기서 그는 겁 없이 몇 걸음 조심스럽게 걸어서 움막 안으로 들어가 안에 무엇이 있는지 살펴보았다. 많지는 않았다. 거의 아무것도 없는 상태다. 나뭇잎으로 엮은 침대, 물이 조금 든 바가지, 텅 빈 삼베 자루 등이 있었다. 그는 자루를 들고 나와 숲속에서 요기할 것을 찾아, 과일과 달콤한 나무 속대 같은 것을 따오고, 바가지를 가지고 가서 샘물을 길어다 놓았다. 여기서 할 수 있는 일은 그것으로 끝이었다. 한 사람이 살아가는 데 꼭 필요한 물건만 있어도 되는 것이다. 다사는 바닥에 쪼그리고 앉아서 몽상에 빠졌다. 그는 숲속의 아늑한 고요와 꿈과 자기 자신에 만족하였고, 청년 시절에 평화와 만족과 고향 같은 안락함을 느꼈던 이곳에 그를 되돌아오게 해준 마음의 소리에 감사하였다.

_헤르만 헤세, 『유리알 유희』에서

논제. 〈가〉와 〈나〉에서 제시된 '삶의 방식'을 비교 분석하고, 그 의의 또는 문제점에 대해 자신의 견해를 논술하시오.

정약용 선생이 지향하는 삶의 방식과 숲 속 요가 수도자가 지향하는 삶의 방식이 확연히 다른 것 같기는 하다. 그런데 구체적으로 어떻게 다른가? 이 문제는 요구하는 분량도 1,000자 이상으로 꽤 많은 편이다. 구체적으로 비교하지 않으면 원고지 채우기가 만만치 않은 문제다. 그리고 어떤 학생은 제시문 〈나〉에서 요가 수도자와 '그' 가운데 누구의 삶의 방식을 논해야 하느냐고 묻는데, 출제자의 의도를 헤아려야 한다. 〈가〉와 쟁점을 이룰 삶의 방식은 당연히 요가 수도자의 그것이다.

이 문제는 비교하기 후 견해 쓰기로 이어진다. 비교로부터 뚜렷한 쟁점을 끄집어낼수록 의의와 문제점을 논하기가 편하다. 비교가 흐리멍덩하면 후속 논제에 대답하기가 어렵다. 쟁점이 분명해야 글에 긴장감이 생기고 흥미를 유발하게 된다. 그런데 의의와 문제점을 논술하라는 발문을 제대로 이해해야 한다. 이 논제를 "〈가〉도 이런 의의와 이런 문제점이 있다. 〈나〉도 저런 의의와 저런 문제점이 있다."라는 답을 요구하는 것으로 오해하면 안 된다. 두 가지 삶의 방식 가운데 하나를 택해 그 의의를 지지하고, 다른 삶의 방식의 문제점을 비판하는 글을 써야 한다. 논술에서 양비론이나 양시론은 좋지 않다. 이에 대해선 뒤에서 견해 쓰기 유형을 공부할 때 다시 다루기로 하자.

학생들에게 이 문제를 풀게 하면, 안타깝게도 가장 피해야 할 답안을 가장 많이 쓴다. 어떠한 체계적인 분석도 없이 제시문 〈가〉와 〈나〉를 차례로 요약하는(엄밀히 말하면 요약이 아니라 발췌 인용하는) 답안 말이다. "〈가〉에서 정약용이 (…)." 하면서 한 단락을 쓰고

"〈나〉의 요가 수도자는 (…)." 하면서 또 한 단락을 쓴다. 전체 논술문의 80퍼센트를 〈가〉와 〈나〉의 인용문으로 채우는 학생도 있다.

그나마 조금 논술 공부를 한 학생들은 이렇게 대립 구도를 잡는다.

> 〈가〉는 서울을 좋아하고, 〈나〉는 숲 속을 좋아한다.
> 〈가〉는 도시 지향적이고, 〈나〉는 전원 지향적이다.
> 〈가〉는 현실 참여적이고, 〈나〉는 현실 도피적이다.

'서울인가 숲 속인가?'는 제시문에 나타난 일차적인 차이이긴 하지만, 삶의 방식의 차이라고 하기에는 부족하다. 정약용 선생이라고 숲을 싫어할까? 자식들에게 강조하는 게 숲 근처에도 가지 말라는 이야기일까? 게다가 '서울'은 〈가〉의 상황에만 관련된 지명이라 '삶의 방식'이라는 일반적인 차원의 이야기에는 어울리지 않는다. 〈나〉의 요가 수도자는 아마도 외국인이라 서울이 어딘지도 모를 것이다. '도시인가, 전원인가?'의 차이도 피상적이기는 마찬가지다. 의미 있는 비교가 이루어지지 않는다.

'현실 참여인가, 현실 도피인가?'의 차이는 그나마 '삶의 방식'이란 논점에 어울리는 비교이다. 그러나 이 비교 기준의 약점은 학생들의 선입견이 작용한 비교라는 것이다. 이미 현실 '도피'라는 표현에 부정적인 의미가 포함되어 있다. 학생 자신도 모르는 가운데 정약용의 삶의 방식은 현실 참여적이어서 좋고 요가 수도자의 방식은 현실 도피적이어서 문제 있다고 심판했다. 이럴 경우 비교가 구체적으로 이루어지지 않고, 또 뒤에서 학생이 어떤 견해를 제시할지 짐작할 수 있어 김이 빠져 버린다. 현실 참여적이어서 바람직하고 현실 도피적이어서 바람직하지 않다는 말을 되풀이할 게 뻔하기 때문이다. 글의 긴장감이 확 떨어진다. '현실 참여 대 현실 도피'라는 익숙한 틀을 기계적으로 적용했기 때문에 이런 문제가 생겼다.

이 문제를 잘 풀려면 '삶의 방식'에 해당하는 비교 기준을 여러 측면에서 찾아야 한다. 논술 강자라면 이 문제를 어떻게 푸는지 그의 마음으로 한번 들어가 보자.

'삶의 방식이라? 삶의 방식이 단순히 그 사람이 어디에 살고 무엇을 하는지만을 뜻하진 않을 거야. 그에 앞서 그가 어떤 삶의 가치관을 갖고 있는가가 관건이겠지. 사람은 자기 가치관에 따라 행동하는 법이잖아? 그럼 정약용 선생과 요가 수도자는 어떤 가치관을 갖고 있는지 살펴보자.

정약용 선생은 자식들에게 "서울 근처에 살고 시골로 가지 마라."고 당부하고 있어. 그는 '문명을 가까이하려는 태도'를 지니고 있어. 반면 요가 수도자는 최소한의 것만으로 삶을 유지하고 있으므로 '문명에서 거리를 두는 태도'이고. 이러한 가치관에 따라 그들의 삶의 방식도 달라져. 정약용 선생은 과거에 응시하고 세상을 경륜할 것을 강조해. 자아 실현, 사회 참여를 중시하는 삶의 방식이지. 반면 요가 수도자는 주변 환경에 아랑곳하지 않고 내면 성찰, 개인적 수행의 삶의 방식을 보여 주고 있어.'

	〈가〉	〈나〉
가치관	문명을 가까이하는 태도 (문명이 인간다움을 보장한다는 입장을 추론할 수 있음)	문명(물질)과 거리를 두는 태도 (최소한의 물건 외엔 문명은 필요치 않다는 입장을 추론할 수 있음)
구체적인 삶의 방식	자아 실현, 사회 참여 (과거 응시, 나라 경륜, 세상 구제)	내면 성찰, 개인적 수행 (숲 속에서 홀로 요가 수도)

문제가 요구하는 분량이 길면 비교 기준도 더 추가하면 된다. 다만 논제에서 요구하는 핵심 비교 기준은 절대로 빠지면 안 된다. 핵심 비교 기준 외에도 최소한 한 개 이상의 추가적인 비교 기준을 설정하는 게 좋다. 이 사람과 저 사람을 비교할 때도 '월 소득이 얼마인가?' 같은 하나의 기준만으로 비교하는 건 너무 단순할 것이다. 논술에서도 여러 측면에서 비교해야 각각의 입장이 입체적으로 드러난다.

자, 이렇게 비교했을 때 효과는 어떤 것일까? '서울 대 숲 속'의 비교나 '현실 참여 대 현실 도피' 같은 비교와 달리 정약용의 삶의 방식과 요가 수도자의 삶의 방식이 나름 팽팽하게 싸우고 있다. 누구의 삶의 방식이 더 바람직할까? 어떤 삶의 방식을 따라야 할까? 이 논술문의 독자는 필자가 누구의 방식을 지지할지 상당한 호기심을 갖고 글을 따라가게 된다. 비교를 통해 입장들을 서로 싸우게 만든 효과다. 《백분토론》에 진보 대 보수의 최고 논객이 나와야 재미가 있지 한쪽은 대학 교수, 한쪽은 초등학생이 나오면 재미가 있겠는가? 선입견으로 한쪽 입장을 깎아 내리면서 비교하면 그렇게 된다.

어떤 견해를 쓸지는 자유다. 〈가〉의 삶의 방식을 지지하면서 〈나〉를 비판할 수도 있고, 그 반대로 할 수도 있다. 〈나〉를 비판할 때는 어째서 '문명으로부터 거리를 두는 태도'가 현실적으로 가능하지 않은지, 설령 가능하다 하더라도 어떤 문제점을 낳는지 잘 따져야 할 것이고 사회 참여를 추구하는 삶이 왜 더 의미 있는 삶인지 조곤조곤 입증해야 한다. 반대로 〈가〉를 비판할 때는 '문명을 가까이하는 태도'가 어떤 부작용을 낳는지 구체적인 사례를 들며 지적해야 할 것이고, 현대 사회에 내면 성찰의 의미가 왜 더 강조되어야 하는지 논리적으로 설명해야 한다. 어쨌든 비교 과정에서 쟁점을 팽팽하게, 여러 측면으로 잡을수록 좋은 견해를 쓰게 된다는 점을 명심하자.

고난이도 문제 연습하기

여러 논술 문제를 풀다 보면 가끔 문제들의 올림픽에 내놓아도 부족함이 없을 아름다운 문제를 만난다. 학생들 입장에서는 어떤 논제든 다 압박이고 부담이지만 강사의 입장에서는 풀면서도 감탄사가 나오는 문제들이 있다. 논제는 간단명료하고, 제시문은 어렵지 않으면서도 참신한 논점을 담고 있고, 제시문들 사이의 쟁점이 명확하며, 답안의 방향은 여러 갈래로 나올 수 있는 문제. 강사도 그런 문제를 직접 풀어 보면 사고의 폭이 한 뼘 더 자란 것을 느낀다.

그런데 인터넷에 '자칭' 논술 강사들이 이런 문제의 답안이라며 올린 풀이를 보면 한숨이 나온다. 출제자의 의도를 전혀 이해하지 못하고 문제가 잘못되었다고 화내는 사람, 제시문보다 더 어려운 답을 써 놓고 답보다 더 어려운 해설을 덧붙이는 사람, 엉성한 논리에 잡다한 배경지식을 입혀 뭔가 그럴듯한 인상을 주려는 사람 등등 다양하다. 이 책을 읽는 학생들이 혼자 공부하든 학원을 다니든 인터넷 강의를 듣든 다 좋지만, 빵점짜리 답안을 모범 답안이라 여기며 베껴 공부하는 일은 없기를 바란다. 그런 것을 골라낼 눈을 이 책을 통해 얻었으면 한다.

이번에는 매우 난이도가 높은 비교 유형 문제를 살펴보자. 이 문제는 요약 유형, 비교 유형, 견해 유형이 결합되어 있다. 논점 또한 흥미로운 것으로, '평판'이 개인과 사회에 어떤 효과를 낳는가라는 질문을 제기한다. 문제의 기술성과 예술성 모두 최상급이다. 꼭 시간을 내어 별도로 풀어 보기 바란다. 실력 배양에 큰 도움이 될 것이다.

⟨1⟩

평판은 개인, 집단 또는 조직에 대한 공중의 의견이나 사회적 평가를 의미한다. 평판은 학문, 예술, 대중문화뿐만 아니라 비즈니스나 온라인 공동체의 영역에서 중요하게 작용하며, 개인의 사회적 지위에도 영향을 미친다. 따라서 좋은 평판을 얻으려는 노력이 전개된다. 그러한 노력은 개인과 사회에 걸쳐 광범위하게 관찰된다. 상품이나 서비스가 거래되는 시장뿐 아니라 학문과 예술 분야에서도 좋은 평판을 얻기 위한 노력이 나타난다. 좋은 평판을 획득하기 위한 경쟁이 치열하게 벌어지는 경우도 있다.

평판을 획득하기 위한 노력이 전개되는 과정을 통해 평판은 사회적으로 구성된 실재가 된다. 그로써 서로 구별되는 다양한 세력들이 경쟁하는 평판의 장(場)이 형성된다. 그 장에서 평판이 거래된다. 예컨대 소비자는 시장에서 재화와 용역을 구매하지만 평판의 장에서 그것들에 대한 평판도 함께 구매한다. 그래서 소비자는 선택의 근거를 평판의 장에서 찾으려 하고, 생산자는 자신의 평판이 소비자에 의해 선택되도록 갖은 방법을 동원한다. 생산자가 좋은 평판을 위해 취하는 방법으로 광고나 화제 만들기, 사용자 설문 조사 등을 들 수 있다. 그러나 평판이 그 대상의 실질을 그대로 반영한다고 보기 어렵다. 그와 관련한 사례로서 베스트셀러 소설을 살펴볼 수 있다. 많이 팔린 소설이 반드시 좋은 소설이라는 보장이 없음에도 불구하고 책의 판매 부수에 의해 그 소설의 가치가 매겨지기도 한다. 전문적 지식을 구비한 문학평론가들이 질적인 면에서 우수하다고 평가한 소설의 판매고가 형편없는 경우도 있다.

평판은 그 신뢰도의 면에서 편차가 있을 수 있다. 어떤 평판은 사실에 근거한 반면, 어떤 평판은 의도적으로 부풀려지거나 악의적인 비방을 목적으로 만들어지기도 한다. 온라인 쇼핑몰의 구매자 후기(後記)가 발휘하는 효력에서 나타나는 바와 같이 평판이 개인의 의사결정에 폭넓고 깊숙하게 개입할 가능성이 갈수록 커지는 추세이다. 그러한 추세 속에서 평판의 신뢰도가 보다 중요하게 대두된다.

⟨2⟩

우리는 평판을 얻기 위해 비용을 지불하기도 한다. 예컨대 당신은 상사와의 급한 약속에 늦는 사태를 감수하면서 낯선 사람에게 도움의 손길을 줌으로써 당신의 소중한 시간을 사용한다. 자동차가 고장 난 누군가를 도와주다가 당신의 새 실크 넥타이에 기름 얼룩이 묻을 수도 있다. 그러나 그러한 작은 선행과 관대한 태도가 당신의 평판을 보장해 주고, 결과적으로는 최초의 비용보다 큰 이익을 당신에게 가져다줄 수 있다.

우리는 평판의 효과를 알기 때문에 즉각적인 답례를 기대하지 않고 남을 돕기도 한다. 만약 거듭되는 입소문을 통해 당신이 선하고 자비로운 사람이라는 것을 세상이 알게 된다면, 당신이 미래의 어느 날 다른 누군가로부터 도움을 받을 기회는 그만큼 증대할 것이다. 물론 그 반대의 경우도 성립한다. 만약 내가 다른 사람을 도운 일이 전혀 없다는 사실이 알려지면, 나는 누군가로부터 호의를 받지 못할 수 있다. 한 사람의 선행이 복잡한 관계의 망 속에서 연쇄적인 효과를 일으켜 선행의 당사자에게 그 효과가 되돌아오는 우연을 기대할 수 있다. '간접 상호주의'는 그러한 관련을 표현하는 개념어이다. "만일 내가 당신의 등을 긁어주면 나의 이 좋은 행동은 다른 사람으로 하여금 같은 일을 또 다른 사람에게 하도록 장려할 것이고, 언젠가는 누군가가 내 등도 긁어줄 것이다."라는 의미가 그 말에 내포된다. 간접 상호주의는 협력의 방식을 변화시킬 뿐 아니라 협력에 대한 인간의 사고방식에도 영향을 미친다. 협력은 응분의 대가나 이득을 목적으로 한 비용의 지불이다. 평판에 대한 기대도 협력과 관련하여 파악될 수 있다. 우리는 간접 상호주의의 맥락에서 협력이 가져올 효과를 고려하여 평판을 구매한다.

우리는 종종 우리의 행동을 다른 사람들이 어떻게 여길까 신경을 쓴다. 다른 누군가가 우리를 지켜보거나 우리가 한 일을 알아낼 수 있다는 가능성이 우리의 행위를 좌우한다. 개인적 수준의 자선 행위가 그것을 훨씬 뛰어넘는 결과를 초래하기도 한다. 우리가 미래의 그림자 속에 산다는 것을 알 때 우리의 행위는 영향을 받지 않을 수 없다.

〈3〉

똥깐의 본명은 동관이며 성은 조이다. 그럴싸한 자호(字號)가 있을 리 없고 이름난 조상도, 남긴 후손도 없다. 동관이라는 이름이 똥깐으로 변한 데는 수다한 사연이 있어 한마디로 말할 수는 없다. 다만 똥깐이와 한 시대를 산 사람들이 똥깐이를 낳고 똥깐이를 만들고 똥깐이를 죽이는 과정에서 자신들의 일부로 평범한 사람 조동관을,

자신들과는 다른 비범한 인간 똥깐이로 받아들이게 되었다는 것은 분명하다. 똥깐이 살다 간 은척읍에서 세 살 먹은 아이부터 여든 먹은 노인에 이르기까지 남녀노소 불문하고 동관을 칭할 때 똥깐이라고 하지 않은 사람은 없었다. 그러나 똥깐이 보고 듣는 데서는 아무도 그를 동관으로도, 똥깐으로도 부를 수 없었다.

똥깐은 이란성 쌍둥이의 동생으로 태어났는데 죽을 때까지 형 은관과 대략 일천 회 이상의 드잡이질을 벌였다. 그 드잡이질은 똥깐의 타고난 체격에 담력과 기술, 자잘한 흉터를 안겨 주었고 그가 은척 역사상 불세출의 깡패로 우뚝 서는 바탕이 되었다. 은관은 다른 사람의 인정을 받는 걸 좋아해서 스무 살이 되기 전에 이미 합기도 삼 단, 유도 사 단, 태권도 삼 단의 면장(免狀)을 가지게 되었는데 그 결과 그에게 붙여진 별명이 '조십단'이었다. 나쁘게 발음하면 그대로 욕이 될 수 있으므로 사람들은 은관이 있는 곳에서는 절대 그 별명으로 부르지 않았고 없는 데서도 혹시 신출귀몰하는 그들 형제가 주변에 없나 살피고 나서 '똥깐이가 조십단하고 술 먹다가 전당포 주인을 깔고 앉은 사연' 등을 즐겼다.

그런 이야기가 은척읍 사람들에게 재밋거리가 된 것은 그때 은척에 살던 사람들 대부분이 텔레비전이나 신문, 라디오를 보거나 들을 수 없었기 때문이다. 볼 돈도 없었고 볼 생각도 없었으며 볼 수도 없었다. 따라서 은관 형제의 이야기는 그들의 뉴스였고 연재소설이자 연속극이며 스포츠였고, 무엇보다도 신화였다.

똥깐은 성장함에 따라 아무도 건드릴 수 없는 개망나니짓으로 명성을 쌓아가기 시작했는데 열다섯 살 때부터 외상 안 주는 집 깨부

수는 일은 다반사요, 외상으로 밥 먹고 외상으로 반찬 먹고 외상으로 차 마시고 게트림하고 외상으로 만화 보고 외상으로 다른 아이들을 두들겨 팬 뒤 외상으로 약을 사주었다. (중략) 소문뿐, 누가 사실을 확인해 보랴.

논제. 평판에 관한 〈1〉의 관점에서 〈2〉와 〈3〉을 비교·분석하고, 이에 대한 자신의 생각을 논술하시오. (900자±50자)

논제는 세 가지 소논제로 나누어진다.

1. 평판에 관한 〈1〉의 관점 파악하기 (요약 유형을 변형)
2. 〈1〉의 관점을 적용하여 〈2〉와 〈3〉 비교 분석하기 (요약+비교 유형)
3. 비교 분석의 결과(쟁점)에 대한 자신의 생각 쓰기 (비교+견해 쓰기 유형)

학생들은 "비교면 비교지, 〈1〉의 관점에서 비교하란 건 무슨 소리야?"하며 당황해한다. 당황할 이유가 없다. 비교에는 반드시 비교 기준이 필요하다고 했다. 먼저 〈1〉에서 비교 기준이 될 만한 요소들을 뽑아내어 〈2〉, 〈3〉의 비교에 적용하면 된다. 앞서 '관점'이라는 발문은 주장, 논지 등으로 대체할 수 있다고 했다. 답안 분량

을 고려할 때 비교 기준은 핵심적인 차이를 드러낼 두 가지 정도
면 될 것 같다.

먼저 제시문 〈1〉의 논지를 파악하자.

확실히 우리는 상품을 구매할 때나 학교나 회사를 택할 때, 혹
은 회사에서 직원을 뽑을 때, 그 대상이나 인물에 관한 평판에 주
의를 기울인다. 객관적인 데이터가 뛰어나다고 해도 평판이 별로
면 선택하기가 망설여진다. 예컨대 각종 영화제에서 상을 휩쓴 영
화라 해도 영화를 보고 온 친한 친구들이 "재미없어, 보지 마."라
고 하면 표 사기를 주저하게 된다. 〈1〉은 그런 평판에 관한 이야기
다. 논지는 "평판은 개인과 사회에 영향을 미친다. 그래서 좋은 평
판을 얻기 위해 치열한 노력이 이루어진다. 그러나 평판이 대상의
실질을 반드시 반영하는 것은 아니며, 오늘날 평판의 신뢰도가 보
다 중요하게 여겨지고 있다."로 정리된다.

여기서 〈2〉와 〈3〉에 적용할 비교 기준을 뽑아 보자. 비교 기준을
찾는 일도 역시 질문의 형태로 생각하면 쉽다.

• 평판은 어떤 영향을 미치는가? (평판의 효과)
• 평판은 대상의 실질을 반영하는가? (평판의 신뢰도)

　이러한 질문, 즉 비교 기준에 제시문 〈2〉와 〈3〉이 어떤 서로 다른 대답을 하는지 비교표를 만들어 체계적으로 대조해 보라. 〈2〉는 평판을 '간접 상호주의'와 관련지어 사람들이 서로 협력할 수 있게 하는 장치로 설명한다. 〈3〉의 소설은 주제를 읽어 내기가 만만하지 않지만, '평판'에 관한 이야기로 접근하면 된다. 평범한 사람 동관이 마을 사람들의 평판에 의해 개망나니 '똥깐'으로 여겨지게 된다는 이야기다. 소설의 화자는 "소문뿐, 누가 사실을 확인해 보랴."는 구절을 통해 똥깐의 '악행'이 실제가 아니었음을 암시한다.

	제시문 〈2〉	제시문 〈3〉
평판이 실질을 반영하는지 여부	평판은 실질을 반영한다.	평판은 실질을 반영하지 못한다.
평판의 효과	긍정적 효과	부정적 효과

　비교표를 토대로, 제시문의 내용을 추가하여 답안을 이렇게 써 보았다.

제시문 〈1〉에 의하면 개인과 사회는 평판을 얻고자 경쟁한다. 평판의 사회적 효과를 알기 때문이다. 이 노력 속에 평판은 사회적으로 구성된 실재가 된다. 그런데 평판은 실질을 반영하지 않기도 한다. 신뢰도에 문제가 있을 수 있는 것이다.

제시문 〈2〉와 〈3〉은 평판이 실질을 반영하는지, 그 사회적 효과가 어떠한지에 대해 입장이 다르다. 〈2〉는 평판이 실질을 반영한다는 입장이다. 사람들은 남을 도우면 좋은 평판을 얻고 돕지 않으면 나쁜 평판을 얻는다고 믿는다. 평판을 '사회적 실재'로 인정하는 것이다. 이러한 평판의 효과 역시 긍정적이다. 이타적 행위와 상호 협력을 유도하기 때문이다. 우리는 장래에 남의 호의를 얻으려면 지금 남을 도와서 좋은 평판을 '구매'해야 한다고 여긴다. 한편 〈3〉은 평판이 실질을 반영하지 못한다는 입장이다. 마을 사람들은 재밋거리로 동관을 똥깐으로 만들었다. 이는 '의도적으로 부풀려진 평판'이기에 신뢰할 수 없다. 평판은 이처럼 누군가를 일방적으로 규정하고 배제하는 폭력이 될 수 있다. 평범한 사람 동관이 잘못도 없이 망나니 똥깐이 되어버린 것이다. 이를 볼 때 평판은 부정적 효과도 무척 크다. (〈1〉의 관점에서 〈2〉와 〈3〉을 비교·분석, 579자)

학생들의 답안을 보면 "〈2〉는 평판을 긍정적으로 보고 〈3〉은 평판을 부정적으로 본다."는 글이 많았다. 어떤가? '긍정적 대 부정적'이라는 비교 기준은 어느 비교 문제에 적용해도 대개 맞아떨어지는 것이어서 제시문 간의 관계가 잘 보이지 않으면 활용해 봄

직하다. 하지만 싼 게 비지떡이라고, 흔히 맞아떨어지는 비교 기준으로는 독창적인 답안을 쓰기 어렵다. 일단 긍정적 대 부정적으로 구분하더라도 추가적인 비교 기준을 찾지 않으면 안 된다.

게다가 이 문제는 제시문 〈1〉의 관점을 적용할 것을 요구하고 있다. 〈1〉에서 구체적인 논점을 뽑아냈는지가 채점 요소라는 이야기다. '〈1〉의 입장이라면 제시문 〈2〉, 〈3〉에 어떤 질문을 던질까?'를 곰곰 생각해 본 학생이어야 좋은 답안에 다가갈 수 있다. 뛰어난 학생들은 '평판의 영향(평판의 효과)'이라는 비교 기준은 찾는데, '평판의 실질성(평판의 신뢰성)'이라는 비교 기준까지는 잘 찾지 못한다. 〈2〉와 〈3〉 중에서 특히 〈3〉의 평판이 가짜 평판(실질을 반영하지 못하는 평판)이라는 점에 착목하여 〈2〉의 평판이 실질을 반영하는 평판임을 추론해야 하는 고차원적 사고가 필요하다. 차별화된 비교 답안은 이렇게 '보이지 않는 논지'도 찾아서 비교하는 답안이다. 논제에서 '자신의 생각을 논술'하는 부분은 견해 쓰기를 다루는 9장에서 다시 살펴보자.

:: 7장 ::

쉽게 풀어서 말하라
설 명 하 기

　올림픽 중계방송을 볼 때마다, 해설자들이 제 역할을 못한다는 생각을 한다. 일단 한국 선수가 나오면 해설자들은 해설하기를 관두고 응원단장이 된다. "김○○ 선수, 조금만 더 힘내세요! 젖 먹던 힘까지 끌어내야 합니다! 그렇지! 그렇지! 아니, 저 나라 선수는 왜 저러죠! 저런 식으로 하면 안 되죠! 자, 김○○ 선수 10초만 더! 금메달! 금메달입니다! 국민 여러분, 기뻐해 주십시오! 자랑스런 김○○ 선수가 금메달을 땄습니다!"

　한국 선수가 금메달 딴 것은 물론 좋은 일이다. 하지만 이런 해설이라면 내가 해도 별 차이가 없지 않은가? 해설자라면 어떤 선수의 동작이 어떤 점에서 뛰어났는지, 어떤 의도로 동작을 했으며 그 결과는 어떠한지 등을 쉽게 설명해서 시청자의 관전에 도움을 주어야 한다. 해설자가 시청자보다 더 흥분해서 날뛰면 시청자의 흥미는 오히려 반감하고 만다. 물론 해설자도 한국 선수를 응원할 수 있다. 하지만 해설자의 임무는 무엇보다도 우선 침착한 태도로 사실 관계를 밝혀 주는 것이다.

논술에서도 이처럼 '좋은 해설자' 되기를 요구하는 유형이 있다. 이런 유형을 '설명 유형'이라고 부른다.

설명 유형 이해하기

첫째, 설명 유형은 '사실 관계'를 밝히는 것이다. 아래와 같은 발문이 설명 유형에 해당한다.

- 〈가〉의 관점에서 〈나〉의 상황을 해석하시오.
- 제시문 〈1〉의 논지를 활용하여 〈2〉의 주인공의 행동을 설명하시오.
- 〈A〉의 이론을 참고하여 〈B〉의 문제가 왜 일어나는지 밝히시오.
- 〈가〉의 논지를 고려하여 〈나〉의 그래프를 분석하고 해결책을 제시하시오.
- 〈a〉를 토대로 〈b〉의 시를 해설하시오.
- 주어진 자료에 바탕하여 미래 사회의 모습을 추론하시오.

무엇을 비판하라, 평가하라, 견해를 쓰라 등의 유형과 달리 이 유형은 가치 판단과 주관을 배제해야 한다. 해석, 분석, 설명, 해설 등의 발문이 나오면 쿨해져야 한다. 물론 요약이나 비교 유형도 주관을 배제한다. 그러나 요약이나 비교가 제시문의 내용을 확인하는 게 목적인 데 비해 설명은 그보다 조금 더 나아간다.

둘째, 설명 유형은 낯선 내용, 복잡한 내용을 쉽게 풀어 말하는 것이다. 설명할 대상은 특정한 상황이나 개념일 수도 있고 시나 그림 또는 도표나 그래프일 수도 있다. 그렇다고 평소 책이나 텔레비전에서 얻은 배경지식을 이용해서 설명하라고 하지는 않는다. 대개 설명 유형의 논제는 먼저 특정한 관점이나 원리나 개념을 주고 그것을 적용하여 다른 대상을 설명해 보라고 한다. 백문이 불여일견, 설명 유형의 논제를 직접 살펴보자. 조금 당황할 수도 있다. 논술은 언제나 글이라고만 생각해 왔다면 이번에는 그림이 나온다.

예시로 이해하기

| 경기대학교 2009학년도 모의 논술 |

〈가〉

지구 환경 위기의 근본 원인은 인간 중심적인 자연관과 그에 따른 물질적 진보 개념에서 비롯되었다고 할 수 있다. 지구는 생성 이래로 수십억 년 동안 나름대로의 조화와 균형을 유지하여 왔다.

그런데 현대 문명이 본격적으로 나타나기 시작한 산업 혁명 이후 불과 200여 년 사이에 지구는 심각한 환경 위기에 처하게 되었다. 이러한 급격한 발전이 낳은 인간의 의식 속에는 인간이 지구의 주인이고 지구는 인간의 정복 대상이라는 이분법적 사고 방식이 깔려 있었다. 특히, 자연 환경에 대한 파괴와 정복을 일삼았던 서구인의 인간 중심적인 자연관은 오늘날의 환경 위기를 가져온 근본 원인이라고 할 수 있다.

데카르트(Descartes, R.)는 『방법 서설』에서 낡은 철학 대신에 인간으로 하여금 자연의 지배자와 소유자가 될 수 있게끔 하는 새로운 철학을 제시하는 것이 자신의 의도라고 밝힌 바 있다. 그에 의하면, 우리 인간은 본질적으로 의식적·정신적 존재로서, 물질적 자연의 세계로부터 완전히 분리되어 있는 전혀 별개의 존재라는 것이다. 인간의 정신으로부터 분리된 자연은 죽은 물질적인 것에 불과하다는 것이다. 이러한 근대의 자연관은 자연 환경을 인간과 분리된 것으로 보고, 자연을 통제하고자 하는 기술의 발달을 가져왔다.

이후 서양에서는 인간이 자연의 지배자이고 자연은 인간의 번영을 위한 수단에 불과하다는 견해가 지배적이었다. 즉, 서구인들은 이성을 지닌 인간만이 내재적 가치를 지니며, 모든 자연은 인간을 위한 도구라고 생각했던 것이다. 이러한 인간 중심적이고 정복 지향적인 자연관은, 인간과 자연을 분리시키고 무분별한 자연 착취와 자원 남용을 정당화함으로써 생태계의 급격한 파괴와 자연의 훼손을 초래하였다.

_고등학교 『시민윤리』

〈나〉

〈앤드루 부부〉(유채/69.8×119.4cm/1748~1750년경)
토머스 게인즈버러(Gainsborough, Thomas/1727~1788년/영국)

_고등학교 『미술과 생활』

논제. 제시문 〈가〉의 관점을 참고하여 〈나〉의 그림을 분석하시오.
(500자)

'헐' 하는 소리가 여기저기서 들린다. 이 정도로 놀라서는 안 된
다. 논술의 나라로 들어오면 별 기상천외한 논제 및 자료와 싸워
야 한다. 설마 설명 유형의 첫머리에 지나치게 어려운 문제를 소
개하기야 했을까.

그림에 관해 먼저 설명하자면, 영국 화가 토머스 게인즈버러가
1748년에 앤드루 부부를 그린 작품으로 당시 이 부부는 남편이 22

살, 아내가 16살이었다고 한다. 하늘색 드레스를 펼쳐 앉은 어여쁜 아내와 '내 아내한테 추파 던지면 죽어.'라고 말하는 듯이 총을 끼고 무서운 표정을 짓는 젊은 남편. 그런데 이 부부가 '앤드루 부부'인 건 내가 어떻게 알았을까? 제시문에 적혀 있으니까! 자, 유의하라. 제시문에 나오는 정보는 어느 하나도 버리면 안 된다. 제시문을 보고 알 수 있는 것은 저 남녀가 18세기의 부부이고, 좋은 옷으로 멋을 내고 개까지 데리고 캔버스 앞에 섰다는 것이다. 그럼 그림의 배경은 어디일까? 맞다. 그들이 소유한 땅이다. 저들은 귀족 부부로, 자기네 소유지를 과시하듯 배경으로 삼았다. 이런 추론은 이 문제를 푸는 데 긴요하다.

답안 분량은 400자이니 단락 두 개 구성이면 적절하다. 단락 1은 〈가〉의 논지를 간략히 정리하고 단락 2에 〈가〉를 적용해 그림 〈나〉를 분석하는 답안을 짜자. 단락 2에 분량을 좀 더 많이 할애해야 한다.

먼저 〈가〉는 서구의 '근대적 자연관'에 관해 이야기한다. 근대적 자연관은 인간과 자연을 이분법적으로 구분하며 인간 중심적 시각에서 자연을 정복 대상이자 인간 번영의 수단으로만 본다는 내용이다. 이렇게 생각하는 사람이라면 〈나〉의 앤드루 부부 그림을 보고 뭐라고 할까? 멋지다, 기분이 나쁘다 같은 가치 판단은 배제하라고 앞서 이야기했다. 우리가 할 일은 그림에서 특징을 찾아내고 그 의미를 설명하는 것이다. 이 작업은 추리력을 필요로 한다. 우선 그림에서 눈에 띄는 특징을 모두 찾아내자.

① 앤드루 부부는 자기네 소유지 앞에서 포즈를 취하고 있다.

② 원근법을 이용해 인물은 중심에 선명하게 부각하고 배경인 자연은 희미하게 처리했다.

③ 남자는 총을 들고 있고, 그들 발밑에는 개가 있다.

서양 회화의 전통에서 개는 부부 간 정절을, 곡식단은 다산을 의미한다고 한다. 그러나 논술은 이런 지식을 외워 쓰는 게 아니다. 개의 의미를 독창적으로 해석할 수 있다면 오히려 득점에 유리하다. 다만 학생들의 글을 보면 장총이나 개처럼 눈에 바로 띄는 특징은 그런대로 잘 찾고 의미도 잘 설명한다. 그런데 그림의 전체적인 특징―원근법적 시선, 인물의 중심적 배치, 자연의 배경적 처리―에 주목하는 학생은 별로 없다. 대상을 설명할 때는 언제나 '큰 그림'을 보아야 한다.

위의 특징과 제시문 〈가〉를 연결해 보자.

①→자연을 부를 과시하기 위한 도구로 생각하는 듯하다. 자연을 대상화하고 도구화한다.

②→인간 중심주의, 인간과 자연의 이분법적 구분이 드러난다.

③→사냥용 도구로 보인다. 자연에 대한 정복을 의미한다.

설명 유형의 세 번째 힌트를 이렇게 정리할 수 있다. A를 적용해 B를 설명할 때는 A에서 분석 도구를, B에서 분석 대상을 뽑아 여러 측면에서 연결하라!

아래는 이 문제의 예시 답안이다. 예시 답안은 유일 답안이 아니다. 이 답안을 여러분이 첨삭해 봐도 좋고, 베껴 쓰면서 부분적으로 바꿔 보는 것도 좋은 연습이 된다.

제시문 〈가〉는 현대의 환경 위기를 초래한 인간 중심적이고 정복 지향적인 자연관을 설명하고 있다. 인간은 자신을 물질적 세계로부터 분리된 의식적 존재로 여기고, 따라서 자연은 인간의 번영을 위한 수단에 불과하다고 생각해 왔다. 이런 맥락에서 인간은 자연을 정복과 통제의 대상으로만 바라보았다.

〈나〉의 그림에는 〈가〉의 자연관이 잘 드러난다. 그림 속의 앤드루 부부는 옷차림이나 화려한 의자로 볼 때 상류층으로 보이므로, 자신들의 소유지 앞에서 포즈를 취했다고 볼 수 있다. 즉 작품의 의도가 부의 과시라는 점에서 이미 자연을 대상화하고 있는 것이다. 게다가 표현의 측면에서도 인물을 작품의 전면에 두드러지게 묘사함으로써 인물과 자연을 명확히 구분하며, 풍경은 어디까지나 인물의 효과를 극대화시키기 위한 배경으로만 존재하고 있다. 또한 원근법 구도에 의해 풍경을 인간 시선에 종속시킴으로써 자연에 대한 인간 중심성을 표현하고 있다. 남자가 들고 있는 장총, 발밑의 개는 사냥용으로 보이는데 이 역시 자연에 대한 통제력을 의미한다. (520자)

영역 넘나들기

머리 좀 식힐 겸 '개미 박사' 최재천 교수의 이야기를 들어보자. 최 교수는 생물 세계와 인간 세계를 넘나들며 재미있게 이야기를 풀어 가는 것으로 유명한 생물학자다.

"제가 가끔 귀뚜라미를 가지고 이런 설명을 하는데요. 이솝 우화에 보면 개미와 베짱이, 이런 우화가 있잖아요? 개미는 열심히 일했는데 베짱이는 나무 그늘에서 놀다가 준비를 못해서 어쩌고, 이런 이야기가 있잖아요? 이솝이 좀 무식했어요. 개미는 그냥 열심히 일하는 곤충이고요. 사실은 베짱이는 날씨가 추워지기 전에 암컷하고 짝짓기를 해야 하거든요. 그래서 여름 내내 베짱이가 논 게 아니고요. 식음을 전폐하고 필사적으로 긁어 댄 겁니다. 베짱이가 더 열심히 일하거든요. 그렇게 열심히 베짱이가 일을 해야 되는 이유가 뭐냐, 이 세상에 수컷이란 동물들은 홀로 유전자를 후세에 남길 방법이 없는 동물들입니다. 반드시 암컷의 몸을 빌려야 내 유전자가 후세에 남겨집니다. 그래서 번식은 암수의 소통 없이는 불가능하잖아요? 자 그런데 암컷은 홀로 알을 낳을 수 있는 존재니까 별로 소통의 노력을 안합니다. 소통의 노력은 그래서 수컷이 필사적으로 하는 겁니다. 밥도 안 먹고, 물도 안 먹고, 여름 내내 베짱이가 하듯이, 우리 사회에서도 남자들이 꽃 사서 갖고 가고 남자들이 선물하고 하잖아요? 왜 그러냐, 그거 남자가 하는 일이기 때문에 그런 거거든요. 그런데 그 일을 조금 하다가 포기하실래요? 포기가 안 되는 일입니다. 내 유전자를 후세에 남기려면 저 여인을 내 여인으로 만들기 위해서 끝까지 노력해야 되는 거죠. 그런데 자연계의 소통의 노력은 이렇게 필사적인데, 왜 우리 사회의 소통의 노력은 조금 해 보다가 아이, 말귀도 못 알아듣네, 이러고 안해, 관둬, 왜 이렇게 쉽게 포기할까? 그게 생태학자의 눈에는 참 이상해 보입니다. 소통은 안 되는 게 정상입니다. 되게 해야합니다. 그러려면 베짱이만큼 필사적인 노력을 해야 소통이 되는 겁니다. 우리가 소통할 수 있는 방법을 자꾸 개발하고 찾아가야 합니다. 그냥 적당히 해서 되는 게 절대로 아닙니다, 제가보기에."*

개미와 베짱이 우화에서 실제 베짱이의 생태계로, 다시 인간 세계의 소통 문제로 이어 가는 솜씨가 대단하다. 한 분야의 전문가이면서 자기 분야에만 갇히지 않는다. 이처럼 서로 다른 영역으로 넘나드는 것을 '영역 전이'라고 한다. 영역 간 거리가 멀 경우, 영역 전이를 설득력 있게 풀어 내기가 쉽지 않다. 조금만 실수해도억지가 된다. 반면 성공하면 큰 박수를 받는다. 듣는 사람에게는

* YTN 라디오《강지원의 뉴스, 정면승부》, 2013. 12. 18.

짜릿한 지적 쾌감을 준다.

통합 논술의 매력은 이런 영역 전이에 있다. 논술 문제는 사회과학과 자연과학, 인문학과 예술을 넘나들며 지적 창의성을 발휘해 보라고 우리를 유혹한다. 설명 유형은 영역 전이의 최전선이다. 설명 유형에서 빈번하게 출제되는, 어떤 개념을 던져 준 다음 전혀 엉뚱한 상황에 그 개념을 적용해 설명하라는 문제를 한번 풀어 보자.

| 동국대학교 2011학년도 수시 1차(인문계) |

〈가〉

전통적인 시장에서는 일반적으로 어느 한 제품군(群)에서 잘 팔리는 상위 20퍼센트의 제품이 전체 매출의 80퍼센트를 차지하는 "파레토 법칙(Pareto Principle)"이 적용된다. 파레토 법칙에 의한 80:20의 집중현상을 나타내는 그래프에서는 상대적으로 발생확률 혹은 발생량이 적은 부분이 무시되는 경향이 있다. 따라서 한정된 공간과 자원을 가진 매장에서는 잘 팔리는 물건을 보다 집중하여 전시하는 경향이 있다. 예를 들어, 베스트셀러 책을 잘 보이는 곳에 대량으로 쌓아놓고 판매하는 것이다. 그러나 인터넷과 새로운 물류기술의 발달로 인해 그동안 무시되었던 부분도 경제적으로 의미가 있을 수 있게 되었다. 특히 인터넷을 기반으로 하는 온라인 비즈니스의 경우, 베스트셀러뿐만 아니라 그동안 간과되어 온 비인기 상품에 대한 소비자의 접근이 용이해졌다. 실제로 아마존과 같은 인터넷 기반 기업에서는 비인기 상품이 활성화되어 틈새 시장을 형성하고, 전체 매출의 상당한 부분을 차지한 사례가 있다. 많이 팔리지 않는 서적들이나 소수만 선호하는 음반이라도 효과적인 판매와 물류를 통해 많은 이윤을 창출할 수 있다. 이처럼 전통적인 파레토 법칙에 반대되는 새로운 비즈니스 모델이 생겨났으며, 이를 "롱테일(Long Tail) 현상"이라고 한다.

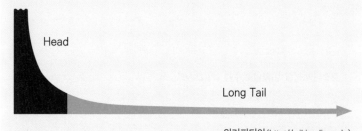

_위키피디아(http://wikipedia.co.kr)

〈나〉

　모바일 웹(Mobile Web)에서는 Long Tail이 너무 길다. 검색을 예로 들면, 맛 집, 주변검색, 영화 등의 일부 키워드는 Big Head에 해당하고, 나머지는 모두 Long Tail에 포함된다. 모바일 사용자의 성향을 파악하고 있는 서비스 제공업자들은 대부분 Big Head에 대한 요구가 많음을 알고 있으므로 서비스 제공에 많은 투자를 하지만, Long Tail에 해당되는 서비스는 그렇지 못한 것이 현실이다. 따라서 서비스의 많은 발전이 이루어진 소수 Head들의 모바일 서비스에 대한 만족도는 매우 높은 편이다. 문제는 다수를 차지하는 Long Tail의 서비스 제공이 부족하여 고객들의 만족도가 떨어진다는 점이다.

138

이러한 이유는 Long Tail의 서비스 개발을 위해서는 많은 시간과 비용이 요구되기 때문이다.

최근 발표된 웹 트래픽 관련 보고서는 이러한 Long Tail에 대한 서비스 제공의 어려움을 극명하게 보여 준다. 이 보고서에 따르면, 한 달간 모바일 웹 브라우저인 Opera Mini의 총 Page View 수(數)는 41억 Page View이다. 이러한 Page View는 총 1천 2백만 사이트에서 제공했으며, 41억 Page View의 절반 이상이 상위 87개 사이트에 집중되어 있다. 나머지 Page View는 87개 Big Head 사이트를 제외한 Long Tail 사이트에 흩어져 있다.

〈다〉

오는 2018년부터 우리나라 인구가 감소세를 보이고 인구 구성도 단일민족 국가에서 다인종·다민족 국가로 빠르게 바뀔 것으로 전망됐다. (중략) 지난 1980년대 말부터 시작된 결혼 이민자의 급증으로 우리 사회는 인구학적으로 다인종·다민족 국가로 변화할 것으로 전망된다. 2008년 혼인통계에 따르면 2008년 전체 결혼 중 외국인과의 결혼 비율은 11%로 1990년 1.2%에 비해 10배 가까이 늘었다.

통계개발원은 "다문화 가족은 아직 소수이며 다문화 가구원들은 피부색 혹은 외모가 다르다거나 개발도상국 출신이라는 이유로 사회적 편견과 차별의 피해를 당하고 있다"며 "현재 인구학적 다양성이 문화적 다양성으로 이어지지 못해 사회적 관용성을 높이지 못한 상태"라고 밝혔다. 개발원은 우리 사회가 다문화 사회의 문턱을 넘었으나 진정으로 다문화적인 사회가 되기까지는 상당한 기간이 걸릴 것으로 전망했다.

_서울경제, "2018년부터 인구 줄고 다민족 국가 급속 전환", 2010. 10. 5.

논제. 제시문 〈가〉를 이용하여 제시문 〈나〉와 〈다〉 각각의 상황을 해석하시오. (400자)

동국대학교가 이따금 수험생을 '멘붕'으로 몰고 가는 기상천외한 문제를 잘 낸다. 하지만 막상 풀어 보면 동국대 논술 문제는 크게 어려운 편에 속하지 않는다. 이 문제처럼 영역 전이의 정도가 크면 체감 난이도가 높기는 하다. 학생들은 〈가〉와 〈나〉 사이에는 무언가 유사성이 있다고 생각하지만, 〈다〉의 '다문화 사회'와는 파레토든 롱테일이든 무슨 상관이 있다는 것인지 황당해한다.

논제부터 보자. 〈가〉에서 설명의 도구를 찾아내고, 그 도구로 〈나〉, 〈다〉 각각의 상황을 따로따로 설명해야 한다. 논제에서 '해석하라'는 설명 유형의 대표적인 발문이다.

〈가〉는 파레토 법칙과 롱테일 현상의 개념을 설명하는 글이다. 파레토 법칙은 '상위 20퍼센트가 전체 매출의 절대량을 차지한다.'는 것이고 롱테일 현상은 '하위 80퍼센트 역시 매출의 상당한 부분을 차지한다.'는 것이다. 개념을 적용하기 위해 조금 더 일반화하면, 파레토 법칙은 '핵심적 소수가 전체에 이익을 가져온다.'는 것으로, 롱테일 현상은 '다종다양한 다수가 함께 전체에 이익을 가져온다.'는 것으로 정리할 수 있다.

그렇다면 〈나〉와 〈다〉는 파레토 법칙과 롱테일 현상 두 가지 개념 가운데 어느 개념을 빌려 와야 설명이 더 잘 될까? 먼저 〈나〉와 〈다〉의 상황을 분석해 보자.

〈나〉에서는 소수 사이트에만 네티즌의 관심이 집중되는 현상을 설명하고 있다. 소수 빅헤드 사이트의 페이지 뷰가 전체 페이지 뷰의 절대적 비중을 차지한다고 한다. 말할 것도 없이 모바일 웹 분야에서는 파레토 법칙이 관철되고 있다.

한편 〈다〉는 한국 사회가 다문화, 다인종 사회로 변해 가고 있다고 말한다. 이것만 보고 학생들은 〈가〉의 그림처럼 한국 사회에 "'롱테일 현상'이 생기고 있다."는 식의 답을 한다. 하지만 그렇게 답하면 함정에 빠진 것이다. 〈가〉의 논지에 의하면 빅헤드나 롱테일이 존재하느냐 아니냐가 중요한 게 아니다. 매출의 구성에서 빅헤드와 롱테일은 둘 다 언제나 있기 마련이다. 중요한 것은 매출의 비중에서 더 큰 몫을 차지하는 게 빅헤드냐 롱테일이냐 하는 것이다. 적용해야 할 도구의 의미를 명확하게 알아야 적용 자체도 논리적으로 연결될 수 있다. 따라서 〈다〉는 한국 사회가 빅헤드인 한국인과 롱테일인 다민족 및 다인종으로 구성된 것은 맞지만, 다문화 가족에 대한 편견과 차별이 여전하기에 롱테일의 힘이 제대로 발휘되지 못하고 있다는 점이 중요하다. 결국 〈다〉의 상황에서도 파레토 법칙이 관철되고 있는 것이다.

이 두 상황을 종합하면 온라인 영역에서도 사회적 영역에서도 파레토 법칙이 지배적이라고 할 수 있다. 다만 한 발 더 나아가자면, 파레토 법칙의 지배가 자연스러운 현상이 아님을 지적할 수 있다. 왜냐하면 〈나〉에서는 서비스 제공업자들이 소수 헤드 사이트에만 투자하고 있기 때문이며, 〈다〉에서는 소수 인종에 대한 편견과 차별이 작용하고 있기 때문이다. 이것까지 포함해서 답안을 써 보자.

〈가〉의 '파레토 법칙'은 핵심적 소수가 전체 매출의 절대량을 차지한다는 것이고, '롱테일 현상'은 다양한 다수가 핵심적인 소수만큼 큰 가치를 창출한다는 것이다. 〈나〉에서는 소수의 '빅헤드' 사이트에 네티즌의 관심이 대부분 집중되어 있으며, 〈다〉에서는 우리 사회가 인종적으로 다양해졌으나 주류인 한국인에 비해 소수 인종들은 사회적 편견과 차별을 받고 있어 아직 진정한 다문화 사회가 되지 못했다고 한다. 결국 파레토 법칙이 〈나〉의 온라인 영역과 〈다〉의 사회문화 차원에서도 지배적인 법칙으로 관철되는 것이다. 하지만 파레토 법칙이 자연스러운 현상이라고 하긴 어렵다. 왜냐하면 〈나〉에서는 서비스 제공업자들이 소수 헤드 사이트에만 투자하고 있기 때문이며, 〈다〉에서는 소수 인종들에 대한 편견과 차별이 작용하고 있기 때문이다. (408자)

고난이도 문제 연습하기

이제 설명 유형의 문제 가운데 가장 어려운 문제 하나를 풀어 보자. 최근 연세대학교 기출 문제로, 이 문제는 '새로움이 부상하는 동안 다수의 역할'을 주제로 던진다. 세 개의 제시문과 한 개의 '실험'으로 구성된 2문항 문제인데, 지금 우리는 그중 2번만 풀어 볼 것이다.(2번 문제에 해당하는 제시문만 남기고 나머지는 생략했다.)

논제에 따라 먼저 실험 결과를 해석하고,(설명 유형) 이 실험 결과를 이용해 제시문을 평가해야 한다.(견해 쓰기 유형) 이런 논제와 비슷한 사례는 현실에서도 상상해 볼 수 있다. 가령 "외국인 노동자 때문에 범죄가 늘어난다."는 통념이 널리 퍼져 있고 이런 통념 때문에 외국인 노동자에 대한 차별 의식이 개선되지 않는다고 하자. 여러분이 이 문제를 해결하려는 시민운동가라면 어떻게 해야 할까? "외국인 노동자를 차별하다니 부끄러운 줄 아세요!"라고 목소리만 높인다고 될까? 여러분은 먼저 '전체 범죄율 대비 외국인 범죄율 통계'를 분석하여 외국인 범죄율이 전체 범죄율에 비해 미미하고 내국인 범죄율에 비해서도 낮다는 것을 설명해야 할 것이다. 그리고 이를 근거로 사람들의 통념을 반박해야 할 것이다. 선 설명 후 견해! 설명이 제대로 이루어지지 않으면 당연히 그 설명을 기준으로 다른 주장을 반박하는 것도 제대로 될 리가 없다.

논술에서 난다 긴다 하는 학생들도 이 문제 앞에 춘풍에 눈 녹듯 무너지곤 했다. 하지만 이 문제로 단련이 된 학생들은 전투력이 급상승하여 어떤 복잡한 그림, 도표, 그래프, 실험 등을 제시하는 문제에도 '너 정도야.' 하며 침착하게 도전할 수 있게 된다.

| 연세대학교 2012학년도 수시 1차 논술(사회계열) |

〈가〉

새로운 종교를 창설하려는 여러 번의 시도가 실패로 끝난 것은 상당히 이른 시기에도 그리스인들이 높은 수준의 문화를 지니고 있었다는 것을 말해준다. 이것은 또한 그리스에는 이미 일찍부터 신앙과 희망이라는 단 하나의 처방으로 치유될 수 없는 다양한 고통을 지닌 다양한 개인들이 존재했다는 것을 말해준다. 피타고라스, 플라톤, 엠페도클레스 그리고 이들보다 훨씬 이전의 오르페우스교의 열광자들이 새로운 종교를 세우고자 했다. 앞의 두 사람은 진정으로 종교 창시자의 영혼과 재능을 지니고 있어, 이들이 실패했다는 것은 실로 놀라운 일이 아닐 수 없다. 이들은 그저 종파들을 만들어 내는 데 그치고 말았던 것이다. 한 민족 전체의 종교개혁이 실패하고 종파들만이 머리를 들면, 언제나 우리는 그 민족이 이미 자체 내에 다양성을 지니고 있으며 거친 무리 본능이나 윤리적 관습에서 벗어나기 시작한 것이라고 추론해 볼 수 있다. 이러한 의미심장한 동요 상태를 사람들은 흔히 윤리의 타락이나 부패라고 비난하지만, 실제로 이것은 알이 성숙하여 껍질이 깨질 때가 가까워졌다는 것을 알려준다. 루터의 종교개혁이 북유럽에서 성공했다는 것은, 북유럽이 남유럽에 비해 뒤처져 있었으며, 상당 부분 같은 유형과 같은 색깔의 욕구를 지니고 있었다는 것을 보여준다. 한 개인이나 그 개인의 새로운 사상이 보편적이고 절대적으로 작용하면, 이는 그 영향을 받는 대중들이 그만큼 천편일률적이고 저급하다는 것을 의미한다. 반면 그에 대한 반작용은, 만족되고 관철되어야 할 반대의 요구들이 그만큼 많다는 것을 알려준다. 거꾸로 힘과 지배욕이 매우 강한 천성을 지닌 인물이 단지 종파에 국한된 미약한 결과를 낳는 데 그치는 경우, 이로부터 그 문화의 수준이 매우 높다는 것을 추론해낼 수 있다. 이는 예술과 인식의 영역에도 적용될 수 있다.

(제시문 〈나〉, 〈다〉 생략)

〈라〉

대중음악계에 새롭게 떠오르는 장르가 있다. 이 장르의 미공개 신곡(新曲)에 사람들이 어떻게 반응하는지 알아보기 위해 온라인 실험을 마련했다. 일반인 신청자들 가운데 모두 6백 명의 실험 참여자를 선정하였다. 이들은 신곡 10개를 듣고 자신이 선호하는 곡을 3개까지 무료로 다운로드할 수 있는, 6개의 온라인 사이트에 무작위로 1백 명씩 배치되었다. 사이트는 크게 '개별형'과 '집단형'으로 나뉘어 다음과 같이 설계되었다.

사이트 유형	사이트 수	특징
개별형	1개	• 무작위로 화면에 배열된 10개 곡을 들은 후 3개까지 다운로드할 수 있음 • 참여자는 다른 참여자들의 다운로드 횟수를 알 수 없음
집단형	5개	• 무작위로 화면에 배열된 10개 곡을 들은 후 3개까지 다운로드할 수 있음 • 화면에 배열된 각 곡의 옆에는 사이트 내 다른 참여자들이 그 시점까지 다운로드한 횟수가 표시됨 • 참여자는 자기 사이트 내에서 각 곡에 대해 간단한 평을 달거나 다른 참여자들의 평을 읽을 수 있음

　두 유형의 사이트 모두에서 곡을 들을 시간은 충분히 주어졌으며, 6개 사이트들 간의 의사소통은 차단하였다. 실험결과를 정리해보면 다음의 〈그림 1〉, 〈그림 2〉와 같다. 집단형 사이트가 모두 5개 있으므로, 개별형 사이트에 해당하는 가로축의 한 값에 대해 5개의 집단형 사이트의 값들이 세로축으로 늘어서게 된다.

　〈그림 1〉을 보면, 개별형 사이트에서 다운로드 횟수가 많은 곡일수록 5개 점들 간 간격이 더 벌어지는 것을 알 수 있다. 예를 들어 곡 10의 경우, 개별형 사이트에서는 다운로드 횟수가 49회였는데, 집단형 5 사이트에서는 99회, 집단형 2 사이트에서는 71회 등을 기록했다. 반면 개별형에서 19회를 기록한 곡 1의 경우, 집단형 사이트들에서의 다운로드 횟수는 모두 10회 미만이었다. 한편 〈그림 2〉를 보면, 개별형 사이트에서 다운로드 순위가 중위권일 때보다 최상위와 최하위일 때 5개 점들이 서로 더 겹치는 것을 알 수 있다. 〈그림 2〉의

곡 1이나 곡 10의 ■는 5개 점들이 한 곳에 겹쳐 있음을 나타낸다.

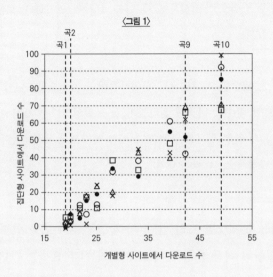

〈그림 1〉

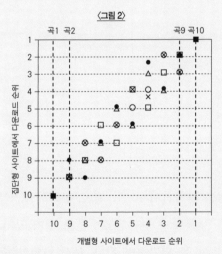

〈그림 2〉

○ 집단형1   △ 집단형2   ● 집단형3   □ 집단형4   × 집단형5

논제 1. 한 사회에 새로움이 부상하는 과정에서 다수가 수행하는 역할을 중심으로 제시문 〈가〉, 〈나〉, 〈다〉의 논지를 비교하시오. (1,000자 내외)

논제 2. 개별형 사이트에서 참여자들이 독자적으로 판단해 곡을 다운로드한 횟수가 미공개 신곡들의 질을 반영한다는 가정 아래 제시문 〈라〉의 실험 결과를 해석하고, 이를 바탕으로 제시문 〈가〉의 주장을 평가하시오. (1,000자 내외)

여기서는 논제 2만 보려 한다. 아래 그림에서 보듯 설명과 견해 쓰기가 결합된 적용 유형 논제로, 논제의 기본 요구는 간단하다.

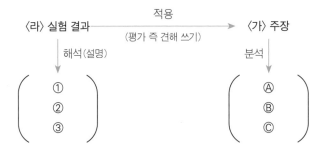

〈가〉의 주장을 파악하여 Ⓐ, Ⓑ, Ⓒ로 정리하고, 실험 결과를 해석해서 ①, ②, ③을 찾아낸다. ①, ②, ③을 평가 근거로 삼아 〈가〉의 주장 Ⓐ, Ⓑ, Ⓒ를 평가하면 된다. 우선 〈가〉의 주장부터 분석하자.

〈가〉는 '새로움은 어떻게 발생하는가?'라는 논점에 관해 독창적인 시각을 보여 준다. 고대 그리스에서는 뛰어난 사상가라 할지라도 새로운 종교를 창시하는 데에 실패했는데, 그 이유는 그 사회 구성원들의 수준이 높아 획일적으로 새로움을 받아들이지 않았기 때문이라는 것이다. 반면 북유럽에 종교개혁이 성공했던 이유는 그 사회가 저급하고 천편일률적이기 때문이었다. 〈가〉의 논지는 다음과 같이 정리할 수 있다.

- 새로움이 등장한다는 것은 그 집단의 다수가 천편일률적이고 저급한 상태라는 의미다.
- 새로움을 창조하는 이들은 재능 있는 소수이며, 다수의 역할은 새로움을 수동적으로 수용하거나 거부하는 차원에 머무른다.(제시문의 내용으로 추론해 보면, 다수가 할 수 있는 최대치는 획일적 상태에서 좀 더 다양한 욕구를 가진 상태로 발전하는 정도다.)

오늘날 여기저기에서 예찬되는 '집단 지성'을 반박하는 주장이다. 모 재벌 회장의 말처럼 세상은 한 사람의 천재가 나머지 평범한 만 명을 먹여 살리는 것일지도 모른다. 우리는 〈가〉의 주장을 어떻게 평가해야 할까? 〈라〉의 실험 결과가 어떤 힌트를 줄지도 모른다.

논제로 돌아가자. 〈라〉의 실험 결과를 해석하기에 앞서 하나의 가정이 주어졌다. "개별형 사이트에서 참여자들이 독자적으로 판단해 곡을 다운로드한 횟수가 미공개 신곡들의 질을 반영한다."는 가정이다. 이게 무슨 의미일까? 어차피 제시문 〈가〉에 적용할 실험이므로 〈가〉의 '새로움'이란 키워드를 활용하여 의미를 해석해 보자. 그렇다면 신곡의 질이 높다는 것은 '새로움'의 정도가 뛰어나다는 의미로 이해해도 되겠다. "야, 이런 곡은 정말 처음인걸!" 하고 감탄할 만한 신곡이라면 '새로움'으로 인정할 수 있다.

즉 개별형 사이트의 다운로드 횟수가 '새로움'의 정도를 의미한다고 전제하고 실험을 해석하라는 이야기다. 그렇다면 이 실험에서 개별형 사이트와 집단형 사이트를 대응하고 있는 의도도 추론할 수 있다. 이 실험은 '새로움'에 관해서 개인과 집단으로서 '다수'의 반응이 어떠한지 대조해서 확인하려는 실험이다. 이렇게 실험 의도를 이해하면 일단 큰 고개는 넘은 것이다.

자료 분석의 팁

여기서 잠깐, 설명 유형 가운데 '자료 분석' 유형을 푸는 방법에 대해 설명하고 가는 게 좋겠다. 자료 분석 유형이란 표, 그래프, 그림, 실험 등등 활자 제시문 이외의 대상을 설명하는 문제를 말한다. 자료 분석 문제가 나오면 학생들은 심리적 부담을 확 느낀다. 세 가지만 기억하면 자료 분석 문제에 조금 더 자신감을 가질 수 있을 것이다.

하나, 먼저 '전체적 추세'를 보고 그다음 '세부적 특징'을 보라. 자료의 전반적인 의미를 먼저 생각해 보고 그다음에 부분적으로 '튀는' 부분들이 왜 튀는지 생각해 보라. 예컨대 지난 10년간의 출산율 그래프가 있다고 하자.

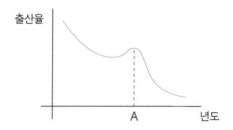

"지난 10년간 출산율은 떨어져 왔다." 이게 전체적인 추세다. 그런데 지점 A에서 출산율이 잠시 반등했다. 왜일까? 이 해에 태어나면 돈을 번다는 사주 풀이가 유행했을 수도 있고, 정부의 출산 장려 캠페인이 잠시 효과를 거두었을 수도 있다. 어쨌거나 더 중요한 것은 전체 추세이지 특이한 지점 A가 중요한 게 아니라는 것이다. 논술 초보자일수록 지엽적인 특징에 자주 사로잡힌다.

둘, 자료 사이의 관계를 파악하라. 자료가 여러 개 나왔다면 아무런 의미 없이 그렇게 나온 게 절대 아니다. 이 문제에서도 〈그림 1〉과 〈그림 2〉의 관계를 이해해야 하고 공통점을 찾아보아야 한다.

셋, 세부 사항을 놓치지 마라. 악마는 디테일에 숨어 있다고 했던가? 득점도 디테일에 숨어 있다. 단 하나도 이유 없이 제시된 정보는 없다. 가령 개별형 사이트와 집단형 사이트의 특징을 비교한 표에서는 무엇을 발견했는가? 집단형 사이트에서는 개별형 사이트와 달리 다른 참여자의 다운로드 횟수를 확인하고 곡에 대한 평을 달거나 다른 참여자의 평을 읽을 수 있다고 한다. 그것은 무엇을 의미할까?

자, 이제 제시문 〈라〉의 실험 결과를 본격적으로 해석해 보자. 전체적인 추세부터 보자고 했다. 〈그림 1〉은 개별형 사이트와 집단형 사이트의 다운로드 수를 대응했고, 〈그림 2〉는 개별형 사이트와 집단형 사이트의 다운로드 순위를 대응했다. 전체적인 추세는 〈그림 1〉과 〈그림 2〉 모두 개별형 사이트와 집단형 사이트가 정비례 관계에 있다는 것이다.

부분적으로는 다르다. 다운로드 수를 보여 주는 〈그림 1〉에서는 개별형 사이트에서 다운로드 수가 높은 곡일수록 집단형 사이트에서는 다운로드 수에 편차가 심하다. 그래프가 아래에서 위로 올라갈수록 확산되는 꼴이다. 반면 다운로드 순위를 보여 주는 〈그림 2〉에서는 개별형 사이트에서 1위로 뽑힌 곡에 대해 집단형 사이트에서도 공통적으로 1위로 뽑히는 현상이 나타난다. 맨 아래와 맨 위에서 그래프가 수렴되는 꼴이다. 두 그림 모두에서 개별형 사이트의 선택과 집단형 사이트의 선택이 정비례 관계를 보이는 게 대세이다. 달리 말해 개인이나 집단이나 비슷한 선택을 한다. 논제에서 제시된 가정을 생각하라. "개별형 사이트의 다운로드 횟수는 신곡의 질을 반영"하고, 신곡의 질은 새로움의 정도라고 전제했다. 더 새로운 곡, 즉 질적으로 더 뛰어난 곡은 어느 사이트에서나 높은 호응을 얻었다. 그러므로 개인, 집단 할 것 없이 모두 새로움을 인식하고 받아들일 줄 안다는 결론이 도출된다.

이제 세부적으로 들어가자. 〈그림 2〉에서 개별형 사이트의 다운로드 최상위 곡과 최하위 곡은 집단형 사이트에서도 같은 순위로 수렴되고 있음을 볼 수 있다. 가령 곡 1은 두 종류의 사이트 모두에서 졸작으로 평가받았으며 곡 10은 걸작으로 평가받았다. 곡 10은 '새로운 곡'이고 곡 1은 '전혀 새롭지 않은 곡'이다. 그 외의 별로 새롭지 않고 무난한 곡(곡 2~곡 9)은 집단에 따라 순위가 달랐다.

즉 각각의 집단이 새로움을 인식하는 정도는 비슷하다는 이야기다. 걸작과 졸작을 골라내는 능력은 어느 집단에나 보편적으로 존재한다.

그다음 〈그림 1〉을 보면, 앞에서도 말했듯이 각각의 곡을 다운로드한 횟수는 집단 간에 편차가 있다. 개별형 사이트에서 최상위인 곡 10을 다섯 개 집단 모두 최상위로 뽑긴 했지만, 다운로드 횟수는 어느 집단에서는 71회이고 어느 집단에서는 99회이다. 최상위 곡이라 해도 모든 집단이 똑같은 온도로 받아들이지는 않는다는 것이다. '새로움'을 인정하더라도 수용하는 정도는 집단별로 다르다.

그런데 〈그림 1〉에서 또 다른 중요한 특징이 나타난다. 개별형 사이트에서보다 집단형 사이트에서 걸작과 졸작에 대한 선호도

가 훨씬 극단적인 양상을 보인다는 것이다. 개별형 사이트의 다운
로드 횟수는 최소 19회, 최다 49회이다. 그러나 집단형 사이트 다
섯 곳의 다운로드 횟수는 최소 0회에서 최다 99회까지 폭이 무척
크다. 집단형 사이트에서 곡에 대한 선호도는 왜 이렇게 극단적인
것일까? 주어진 자료에 아무런 힌트가 없을까? 찾아보니 하나가
있다. 개별형 사이트와 달리 집단형 사이트에서는 다른 참여자의
평가와 다운로드 횟수를 볼 수 있다는 것이다.

집단 내 의사소통이 곡에 대한 선호를 보다 적극적으로 만들고
집단 내 의사소통이 활발할수록 사람들의 선택이 극단적으로 된
다고 추론할 수 있다. 어떤 집단은 대단히 적극적으로 "이 곡 정말
좋음. 꼭 들어야 함.", "이 곡 완전 구림." 같은 평가를 주고받았고,
어떤 집단은 게시판이 잠잠했을 수도 있다.

제시문 〈라〉의 〈그림 1〉과 〈그림 2〉 모두 개별형 사이트의 선택과
집단형 사이트의 선택은 비례하고 있음을 알 수 있다. 개별형 사이
트의 다운로드 횟수가 신곡의 질을 반영하고, 신곡의 질은 '새로움'
의 정도라고 할 때, 개인과 집단 모두 새로움을 인식하고 인정하는
경향은 유사하다고 할 수 있다.

〈그림 2〉에서 개별형에서 다운로드 순위가 최상위 또는 최하위일
때, 집단형에서도 순위가 하나로 수렴되고 있음을 볼 수 있다. 곡 1,
곡 10은 모든 집단형에서 최하위와 최상위를 차지했으며 그 밖의 곡

은 집단에 따라 순위가 다르다. 즉 '새로움'을 인식하는 정도는 집단이 모두 유사한 것이다. 그런데 〈그림 1〉에서 세부적으로 다운로드 횟수를 보면 집단 간 횟수에 편차가 나타난다. 가령 곡 10의 경우 집단 2에서는 71회를 다운로드한 반면 집단 5는 99회를 다운로드했다. 반대로 개별형에서 다운로드가 적은 곡은 집단형에서도 다운로드가 적고 집단 간 편차도 거의 없다. 이는 '새로움'에 대해 집단별로 수용 양상이 다름을 보여준다. 또한 개별형에서 다운로드 횟수는 최소 19회에서 최대 49회인 데 비해 집단형에서는 어떤 곡은 0회에서 어떤 곡은 99회로 곡에 대한 선호가 좀 더 적극적이다. 다른 이들의 평이나 다운로드 횟수를 알려주는 것을 의사소통이라고 할 때, 집단 내 의사소통이 사람들로 하여금 보다 적극적으로 선호를 표현하게 만드는 것이다. (제시문 〈라〉를 해석, 697자)

이제 제시문 〈가〉의 주장을 평가할 차례다. 평가의 방향은 크게 두 가지다. 〈가〉의 주장이 틀렸다고 하거나 옳다고 하거나. 이 문제의 경우에는 실험 결과가 〈가〉의 핵심 주장과 대립하고 있으므로, 출제자의 의도는 〈가〉를 반박하는 답안을 쓰라는 것이다. 반박의 근거는 크게 두 가지가 나온다. 첫째, 각 집단의 다양성에도 불구하고 공통적으로 새로움을 인식하고 수용하고 있다는 것. 집단으로서의 다수는 천편일률적이고 저급하다는 〈가〉의 주장과는 다르다. 둘째, 집단이 내부의 의사소통을 통해 다양한 선택의 폭을 보여 준다는 것. 이 역시 다수가 새로움을 수동적으로 수용하거나 거부할 뿐이라는 〈가〉의 주장과 다르다. 예시 답안을 보자.

이러한 결과는 〈가〉의 주장을 반박한다. 〈라〉의 집단들은 그 내부의 취향이 다양함에도 불구하고 공통적으로 새로움을 인정하고 수용하고 있다. 이는 새로움이 부상할 때는 그 사회의 다수가 천편일률적이고 저급한 상태라는 〈가〉의 주장과 대립하는 것이다. 또한 〈라〉에서 집단들은 의사소통을 통해 개별적으로 선택할 때보다 더 다양한 선택의 양상을 보여 주고 있는데, 이는 다수의 역할이 수동적인 수용이나 거부에 불과하다는 〈가〉의 주장과 다르다. 의사소통이 전제될 경우 다수는 창조적인 역할을 할 수 있는 것이다. 그렇다면 북유럽의 종교개혁도 다양한 욕구를 가진 주체들이 적극적으로 의사소통을 하는 과정에서 수용된 것으로 해석할 수 있다. (제시문 〈가〉의 주장을 평가, 354자)

참고로 어떤 학생은 〈가〉의 주장을 지지하는 답안을 쓰기도 했다. 그 근거로 집단형 사이트에서 최상위 곡과 최하위 곡의 다운로드 순위가 하나로 수렴되는 현상을 들었다. 이 학생은 의견이 뚜렷한 소수가 적극적으로 평가를 올리면서 의사소통을 주도하고, 나머지 다수는 그저 소수가 앞장서서 다운로드한 곡을 별 생각 없이 따랐다고 해석했다. 이 정도면 독창적인 해석이다. 다만 실험 결과가 보여 주는 전체적인 추세를 뒤집기에는 근거가 부족

하다. 이 경우에는 〈가〉의 주장을 전면 지지하기보다 "이런 측면
에서는 〈가〉의 주장도 설득력이 있다." 정도로 수위를 낮추는 게
낫다.

:: 8장 ::

왜 틀렸는지 따져라
비 판 하 기

논술 공부를 하는 학생에게 미국 영화 《12명의 성난 사람들》을
보라고 권하고 싶다. 1957년에 만들어진 흑백 영화다. 심지어 영
화 내내 카메라는 조그만 방 안과 12명의 등장인물을 비출 뿐이
다. 고리타분하다고 고개 젓지 마시라. 15분만 보다 보면 영화에
완전히 빨려 들어갈 것이다.

영화 제목의 '12명'은 재판의 배심원이다. 이들은 '부친 살해' 혐
의로 체포된 소년이 유죄인지 무죄인지 만장일치의 결정을 내려
야 한다. 제출된 증거는 모두 소년이 범인이라고 가리킨다. 11명
의 배심원이 소년의 유죄를 확신하는 가운데 오로지 단 한 사람,
주인공만이 그 소년을 위해 잠시만 증거를 더 따져 보자고 한다.
다른 배심원들은 처음에는 그 사람을 비웃고 이렇게 뻔한 사건에
왜 발목을 잡느냐고 화를 낸다. 하지만 그들은 자신들이 쌓아올

린 근거가 얼마나 허약한 것인지 알게 된다. 이 영화는 우리가 평소에 어떤 사고 습관을 갖고 있는지를 적나라하게 보여 준다. 주인공에 맞서는 어떤 사람은 "그의 아버지가 얼마나 참혹하게 죽었는지 모르느냐?"면서 사건의 참혹성을 내세워 감정적으로 판단을 내린다. 어떤 사람은 "빈민가에서 자란 애들은 이런 짓을 하고도 남는다."며 아무런 근거 없이 자신의 선입견만을 강변한다.

그러나 주인공은 절대로 화를 내지도, 악을 쓰지도 않는다. 온갖 말도 안 되는 비난과 반박을 받으면서도 차분하게, 조목조목 논리적으로 따진다. 반대자들의 주장에 어떤 허점이 있는지 찾아내어 지적한다. 오히려 반대자들이 버럭 화를 낸다. 영화를 보는 우리는 반대자들이 흥분하는 모습에서 도리어 주인공의 승리가 가까워졌음을 예감하게 된다. 그런데 만약 주인공이 처음부터 "당신들 왜 그래? 왜 그렇게 멍청해?" 따위의 말로 대응했다면 어떻게 되었을까. 아무리 소년을 구하고 싶어도 성공하지 못했을 것이다. 여기서 우리는 논술하는 사람의 자세, 즉 비판하는 자세를 배운다.

비판 유형 이해하기

이 장에서는 비판 유형을 알아보자. 아래와 같은 발문을 비판 유형으로 묶을 수 있다.

- 〈가〉의 주장을 비판하시오.

- 두 입장 가운데 하나를 선택해 다른 입장을 비판하시오.
- 〈A〉에서 나타난 문제점을 지적하시오.
- 〈나〉 제시문을 비판적으로 평가하시오.(비판적 관점으로 논하시오.)
- 〈A〉의 관점에서 〈B〉에서 주장하는 논지를 반박하시오.(반론을 제기하시오.)

비판 유형은 출제자의 의도를 알기가 상대적으로 쉽다. 속된 말로 상대를 '까라'는 말이다. 하지만 비판 유형에서 고득점을 얻기는 의외로 쉽지 않다. 왜냐면 학생들이 제대로 된 비판을 할 줄 모르기 때문이다.

많은 학생들은 비판해 보라는 요구에 비판이 아닌 '비난'을 한다. "네가 싫어! 그냥! 네 얼굴만 봐도 화가 나!" 이런 것은 연인들이 헤어질 때 서로에게 퍼붓는 비난이지 논술에서 요구하는 비판이 아니다. 비판은 상대의 입장, 주장, 견해에 관해 '좋다, 싫다'를 선언하는 게 아니다. 비판은 상대의 말이 왜 틀렸는지를 따지는 것이다.

비판에는 크게 세 가지 방법이 있다.

첫째, 상대방 주장의 '전제'가 사실인지 따진다.
둘째, 상대방 주장의 '귀결'이 어떤 문제를 일으키는지 따진다.
셋째, 상대방 주장의 '전제'로부터 '결론'이 자연스럽게 이어지는지 따진다.

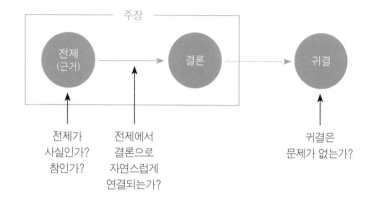

논리학에서는 전제, 근거, 이유를 구분하지만, 실전 논술을 하는 우리 입장에서는 같은 것이라고 생각해도 무방하다. 주장은 전제와 결론으로 구성되며, 결론은 전제에 의해 뒷받침된다. 전제는 집으로 치면 기둥이고, 탁자로 치면 탁자의 다리다. 그런데 어떤 주장에서는 전제는 쏙 빠지고 결론만 던져지기도 한다. 이런 주장은 마치 공중에 떠 있는 집처럼 보인다. 하지만 필시 어딘가에 기둥이 있을 것이라고 의심해야 하듯이, 결론의 뒤에 숨어 있는 전제를 찾아야 주장의 구조를 알 수 있다. 한편 어떤 주장은 다른 주장의 전제가 될 수도 있다. 탁자 다리가 탁자를 받치고, 그 탁자 위에 다시 물건을 올릴 수 있듯이 말이다. 어떤 주장의 결론으로부터 2차, 3차 결론이 나올 때 그것들을 '귀결'이라고 한다. 주장 그 자체로는 문제가 없는데 귀결까지 따져 보면 예상치 못한 문제가 나타날 수 있다.

예컨대 친구가 "난 대한민국 최고의 여배우는 김태희라고 생각해."라고 주장한다고 하자. 이에 대해 "난 김태희 싫어. 너 눈이 동태눈이구나."라고 대꾸하는 것은 비판이 아니라 비난에 불과하다. 비판을 하려면 먼저 친구가 왜 김태희를 최고의 여배우라고 생각하는지 전제를 살펴야 한다. 가령 친구가 김태희의 서울대 학력을 전제로(근거로) 내세운다면, 우리는 다음과 같이 반문할 수 있다.

- 전제가 사실인지 따진다. "김태희가 서울대 나온 거 맞아?"
- 전제가 결론으로 자연스럽게 이어지는지 따진다. "서울대 나온 게 여배우의 순위를 정하는 것과 무슨 상관이 있는데?"
- 귀결의 문제점을 따진다. "네 말대로라면 대한민국 여배우 2, 3위는 연세대, 고려대 나온 여배우겠네?"

물론 이런 문제는 친구 사이라면 그냥 웃어 주고 마는 것이 낫다.

제시문으로 제시문 비판하기

앞에서 비교 유형을 공부할 때 다산 정약용 선생과 숲 속 요가 수도자의 삶의 방식을 비교한 문제가 있었다. 이 문제를 이용해 한쪽 삶의 방식을 지지하는 입장에서 다른 쪽 삶의 방식을 비판하는 방법을 다루어 보자. 정약용 선생은 유배지에서도 자식에게 편지를 보내 서울에 가까이 살면서 장차 세상을 경륜하는 삶을 살라고 가르친다. 반면 요가 수도자는 홀로 숲 속에서 허름한 움막과 최소한의 음식만으로 수도에 집중하는 삶을 산다.

우선 각각의 입장을 전제와 결론의 구조로 정리하자.

	〈가〉 다산 정약용	〈나〉 요가 수도자
삶의 방식	문명이 인간다움을 보장한다. 문명 밖에선 살 수 없다. ↓ 문명에 참여하는 삶을 살아야 한다.	인간은 문명 없이도 살 수 있다. 독립적인 성찰이 중요하다. ↓ 문명을 멀리하고 개인 수행에 매진해야 한다.

정약용의 입장에서 요가 수도자를 어떻게 비판할 수 있을까?

요가 수도자의 전제에 주목해 보자. 요가 수도자는 인간이 문명으로부터 자유로울 수 있다고 말한다. 이에 대해 "아니다. 인간은 문명 밖에서 살 수 없다."라고만 한다면 그것은 서로 다른 입장을 확인하는 것밖에 안 된다. 너와 내가 다르다는 것만으로는 비판이 되지 않는다. 상대방이 '틀렸다'는 것을 입증해야 비판이 성립된다. 상대방에게 반문을 계속 던져 보라. 과연 문명으로부터 자유로울 수 있는가? 잠시 숲 속에 있으니 문명을 떠난 것처럼 느껴질지 모르지만, 현대 문명으로부터 발생한 대규모 환경 오염이나 지구 온난화로부터도 자유로울 수 있는가? 거대 문명이 지구를 지배하는 오늘날, 인간은 원하지 않더라도 문명 속에 포함된 존재일 수밖에 없다.

요가 수도자의 결론이 문제점을 낳지는 않는지도 따져 보자. 개인 수행은 요가 수도자가 얻고자 하는 내면의 성찰, 내면의 성숙에 이르는 최선의 길인가? 인간은 사회적 관계 속에 타인을 거울로 삼아 자신을 돌아보면서 발전할 수도 있지 않을까? 홀로 수행에만 매몰되어 있으면 실제로는 오히려 자기 성숙의 기회를 놓치는 것이다. 따라서 요가 수도자의 삶의 방식은 바람직하지 않다.

그럼 요가 수도자는 정약용 선생을 어떻게 비판할까?

"사람이 문명 밖에서 살아갈 수 없다고?"라고 반문하며 다산의 전제부터 비판할 것이다. 몸을 가릴 움막과 최소한의 음식이면 문명을 떠나서도 충분히 살 수 있다. 인간이 오랜 진화 역사에서 문명을 이루고 산 시간은 극히 일부에 지나지 않는다. 더 중요한 반문은 과연 문명이 인간다움을 보장하는가 하는 것이다. 요가 수도자는 문명의 이름으로 저질러진 전쟁, 환경 파괴, 물질만능주의 등을 거론하며 도리어 문명이 인간다움을 파괴한다고 외치지 않을까? 다산의 귀결도 문제가 있다. 문명에의 참여가 인간 삶의 목표가 되어도 좋은가? 과거에 급제하고, 사회를 운영하거나 개혁할 높은 지위에 오르는 것도 의미는 있다. 그러나 인간 삶의 궁극적인 목표는 행복 아닌가? 문명에 참여한다며 정작 자신의 행복을 가꾸지 못하는 삶이 바람직한 삶인가?

하기 쉬운 실수

학생들이 비판 유형에서 자주 하는 실수가 있다. 하나는 방금 지적한 것처럼 '입장의 차이'를 확인한 것으로 비판을 완료했다고 착각하는 것이다. 학생들은 정약용의 입장을 요약하고 그다음 요가 수도자의 입장을 요약한다. 그리고 나서 "요가 수도자는 틀렸다."고 쓴다. 요가 수도자가 뭐라고 대꾸할까? "내가 왜 틀렸니? 난 너와 다를 뿐이야."라고 할 것이다. 입장 차이를 확인하는 것만으로 비판은 이루어지지 않는다. 상대방이 틀린 이유를 입증해야 한다. 상대방의 전제나 논리의 허점으로 파고들어야 한다.

또 하나는 '현실성 없음'이란 근거를 만병통치약처럼 써먹는 것이다. 이 문제에 관해 거의 대부분의 학생들이 정약용의 입장을 택한다. 그리고 요가 수도자의 삶을 "오늘날 사회에서는 현실성이 없다."고 비판한다. 현실성이 왜 없는가? 그럼 제시문에 나온 요가 수도자의 삶은 현실이 아니라 공상 과학인가? 요가 수도자의 삶이 다수가 택하기 힘든 방식일지는 모른다. 그렇다고 잘못된 것인가? 소수의 선구자라고 할 수도 있지 않은가? 한국의 교육 체계 속에서는 몇몇 특정한 삶만 보여 주기 때문인지, 학생들이 비판적 상상을 훈련해 보지 않아서인지, 문제를 풀다가 "현실성이 부족하다.", "현실성이 없어 바람직하지 않다."는 답안을 매우 자주 쓴다. 자기가 아는 현실만이 전부이며 현실이 바뀔 가능성은 없다고 생각하는 선입견에 빠져 있다는 증거다. 학생들만이 아니다. 인터넷에 논술 답안을 올리는 많은 논술 강사도 그런 답안을 당당하게 쓴다. 이런 답안은 그다지 논리적이지도 않고 게다가 다른 답안과 차별성도 없으니 주의해야 한다.

그럼 예시 답안을 살펴보자.

〈가-정약용〉의 삶의 방식이 더 바람직하다. 〈나-요가 수도자〉가 전제하는 것과 달리 인간은 문명으로부터 자유로울 수 없다. 물론 숲 속에서의 수행처럼 자기 자신에게만 집중하면 그런 착각을 할지도 모른다. 하지만 아무리 독립적인 삶을 추구하더라도 현대 문명으로부터 발생한 대규모 환경 오염이나 지구 온난화로부터도 자유로울 수 있을까? 거대 문명이 지구를 지배하는 오늘날, 인간은 원하지 않더라도 문명 속에 포함된 존재이다.

〈나〉의 입장에서는 사람들이 문명 속에서 자신의 내면을 성찰하고 진정한 성숙을 위한 기회를 빼앗기고 있다고 반론할지 모른다. 그러나 개인 수행만이 내면 성찰과 자기 성숙의 최선의 길은 아니다. 인간은 사회적 관계 속에서 타인을 거울삼아 자신을 돌아보며 성찰과 성숙을 이룰 수 있다. 그렇다면 자기 성숙의 기회를 놓치는 쪽은 오히려 개인 수행만 고집하는 삶인 것이다.

답안의 문장 구성은 두괄식으로 쓰자. 첫 문장은 언제나 핵심 질문에 대한 대답이어야 한다. 삶의 방식에 대한 입장을 물었으니 어느 쪽을 지지하는지 밝히고 시작하자.

답안의 구조를 단락 1 - 상대방 비판, 단락 2 - 상대방의 반론과 그에 대한 재반론으로 짰다. 비판 유형의 답안을 쓸 때 반론/재반론 구조는 매우 유용하다. 반론/재반론 구조는 고대 그리스의 철학자 아리스토텔레스 시절부터 수사학의 중요한 기법으로 사용되어 왔다. "당신은 아마도 ~이라고 말하시겠지요. 그러나 그 말씀 역시 틀렸습니다. 왜냐하면 (…)."

상대방에게 일방적인 비판을 쏟아붓고 끝내기보다, 상대방의 입장에서 반론을 던지고 다시 반박하면 논의에 긴장감이 생기고 내 주장의 논리가 더 탄탄해진다. 답안의 분량을 채우는 데에도 유용하다. 단, 상대방의 반론을 너무 강력한 것으로 제시하면 자칫 재반론에 실패할 수 있고, 반면에 너무 허약한 것으로 제시하면 재반론에 별 효과가 없으므로 역시 좋지 않다. 전제에 대한 비판과 귀결에 대한 비판을 나누어 하나는 선제공격에, 하나는 반론/재반론에 써먹는 것도 좋은 방법이다.

하나의 논지로 둘 이상의 입장 비판하기

한 무협 영화에서 식당에 앉아 있는 주인공을 악당 수십 명이 에워싼다. 절체절명의 상황에서 주인공은 젓가락 한 무더기를 집어 휙 뿌리는데 어떤 악당의 손에 꽂히기도 하고, 팔에, 눈에, 이마에 날아가 꽂힌다. 고수는 한 방으로 여러 상대를 잡는다. 비판 유형에서도 제시문 하나의 입장에서 또는 제시문 하나를 근거로 하여 한꺼번에 여러 제시문의 입장을 비판하라는 문제가 단골로 출제된다. 여당과 야당이 싸울 때 제3당이 두 당 모두를 비판하며 자기를 드러내듯 이런 문제는 익숙한 대립 구도를 새롭게 보이도록 만든다.

앞에서 비교 유형을 공부할 때 풀어 본 '프랑스와 영국의 이민 동화 정책'의 논제를 마저 해결해 보자. 이제 제시문 〈나〉를 바탕으로 제시문 〈가〉의 프랑스와 영국의 정책을 비판해야 한다.

| 한양대학교 2010학년도 수시 2차(인문) 논술 |

〈가〉

식민지 경영의 역사적 경험을 공유하고 있는 프랑스와 영국은 이민·동화의 정책 추진에 있어 흥미로운 관점을 제공한다. 과거 식민지 구성원을 강력한 동화 정책으로 통치했던 프랑스는 전후의 노동력 부족을 메우기 위해 이민자를 받아들였고, 이들을 인종과 문화의 차이에 상관없이 새로운 사회의 구성원으로 통합하는 적극적 동화 정책을 일찌감치 시행했다. 그 결과 아프리카와 중동의 많은 사람들은 프랑스인이 되었고, 자국에서 개최된 1998년 월드컵에서 식민지 출신 선수들의 맹활약으로 프랑스는 우승을 차지하기도 했다.

프랑스는 자국 문화의 우수성이라는 신념을 바탕으로 이민자들의 문화적 차이를 흡수·통합하는 정책을 추진했으나, 그러한 정책은 균열을 드러내고 있다. 예를 들면 2004년 이슬람계 여성의 학교 내

히잡 착용을 금지하는 법안이 통과된데 이어, 최근에는 리옹을 중심으로 거리에서도 히잡 착용을 금지하려는 움직임이 있어 이슬람계 이주자들의 반발을 사고 있다. 이에 대해 일각에서는 사회통합이라는 미명 하에 이슬람의 고유한 문화를 뿌리째 뽑으려는 이러한 태도가 이슬람계 사람들에 대한 차별로 작용하여 그들의 적대적인 행동을 촉발할 수 있다는 우려를 표명하고 있다. 2005년 11월에 발생한 프랑스 소요사태 역시 이러한 문제와 무관하지 않다.

영국 역시 노동력 부족을 해결하기 위한 방편으로 이민 정책을 추진해 왔고, 그 결과 각 분야에서 이민자들의 역할이 점점 증대하고 있는 실정이다. 이들에 대한 영국의 동화 정책은 식민지 통치이념을 따르는 소극적 동화의 형태를 띤다. 다시 말해 이방인들의 특성을 어느 정도 인정하지만, 영국 문화가 세계의 중심이라는 우월의식을 바탕으로 한 전략이었다.

그런데 최근 들어 영국은 이민자들에 대한 통제를 강화하려는 움직임을 보이고 있다. 영국 정부는 의사와 간호사, 교사 같은 전문직 외국인들에게 우선적으로 이민을 허용하는 반면, 외국인 노동자들의 이민을 제한하는 방향으로 이민법 개혁을 추진 중이다. 또한 망명 신청이 기각된 사람들의 추방 조치를 강화하고, 영국에 입국하는 모든 외국인들에 대한 지문 등록을 실시할 방침이다. 영국 국민들은 서구 사상과 문화의 요람 역할을 한 영국의 성격이 잠식될 위기에 처해 있고 언젠가는 사라질지도 모른다는 위기의식을 드러내고 있는 것이다. 영국적 정체성 상실에 대해 과민하게 표출되는 이러한 반응은 국내 정치의 맥락에서 이민자들에 대한 통제의 강화로 이어지고 있다.

〈나〉

지금 우리는 문화의 경계가 불분명한 '혼종(hybridity)'의 시대에 살고 있다. 문화는 늘 교차하고 섞이는 가운데 형성된다. 문화의 혼종이 갖는 역사적 의미는 문화란 결코 고정되어 있는 것이 아니라 변화하는 것이어서 우열을 나눌 수 없다는 깨달음을 제공하고, 정체성이란 단일한 형태로 영구 지속되기보다 이질적인 문화가 충돌하면서 변형을 겪는 가운데 만들어진다는 사실을 인식하는 데 있다. 이러한 혼종에 대한 인식은 '중심'의 원리를 뒤집는 역할을 한다. 다시 말해 전통적 고급문화의 권위와 문화적 위계를 해체하고, 문화적 가치 판단에서 '주변'의 개념을 새롭게 해석하며, 대중문화의 요소들을 또 다른 미학과 언어로 활용할 수 있게 해준다. 이는 궁극적으로 문화의 차이와 다양성을 헤아리는 역할을 할 것이다. 많은 나라가 순혈주의에서 벗어나 다인종·다문화 사회로 진입했다. 특히 이민의 역사를 안고 있는 미국과 유럽, 아시아의 많은 국가들에서 문화적 혼종은 매우 구체적인 현실로 와 닿는다. 이제는 아무도 더 이상 단일하고 고정된, 순수한 기원으로서의 정체성을 이야기하지 않는다. 문화의 차이는 인정하면서 동시에 이러한 차이를 또 다른 형태의 차별을 위한 근거로 내세우지 않는 새로운 연대의 방식을 모색하는 길은 험난할 것이다. 그러나 그러한 길찾기는 반드시 추구되어야 한다.

논제. 제시문 〈가〉에 나타난 두 나라의 이민·동화 정책을 비교하고, 제시문 〈나〉를 바탕으로 프랑스와 영국의 정책을 비판하시오. (600자 내외)

제시문 〈나〉는 프랑스, 영국의 정책적 배경에 놓인 '자문화 우월주의'에 일침을 놓는 글이다. 제시문의 논지를 정리해 보자.

- 문화 정체성은 '혼종'을 통해 형성된다. 단일한 문화적 기원이란 존재하지 않는다.
- 혼종에 대한 인식은 문화적 위계 질서를 해체하고 문화의 공존을 이끌 수 있다.
- 문화적 차이를 인정하되 차이를 차별로 만들지 않는 새로운 연대가 필요하다.

그리고 〈나〉의 논지를 근거로 프랑스와 영국의 이민 정책을 비판해 보자.

앞서 우리가 두 나라의 이민 동화 정책의 공통점으로 '노동력 확보가 목적'이라는 것과 '자국 문화가 우월하다는 인식'을 찾았다. 특히 자문화 우월주의는 두 나라 정책의 철학적 배경이자 전제이다. '혼종'의 관점에서 바로 이 자문화 우월주의라는 전제가 비판의 대상이 된다.

왜냐하면 〈나〉에 따르면 문화는 단일한 기원이 있을 수 없고 여러 다른 문화적 요소와 충돌하고 섞이면서 정체성을 빚어 가는 것이기 때문이다. 우리나라의 붉은 김치만 해도 고유의 절임 문화와 외래 작물인 고추가 만나 만들어진 것이다. 따라서 제시문 〈나〉의 논지를 바탕으로 영국이나 프랑스의 자문화 우월주의를 '아무런 근거가 없다.'고 비판할 수 있다.

프랑스와 영국 각각의 정책에 대해서도 비판할 수 있다. 이 경우 두 나라의 정책이 낳을 문제점, 즉 귀결을 비판하면 된다. 두 나라는 우월 의식에 사로잡혀 자국의 문화 정체성에 집착하는 정책을 펼치고 있다. 프랑스는 자국 문화를 강요하느라 다른 문화의 특수성을 억압하고, 영국은 자국 문화를 보호하기 위해 다른 문화를 차별하거나 통제한다.

귀결을 비판하는 경우 구체적으로 어떤 부작용이 생길지를 밝혀 주어야 한다. 예컨대 프랑스에서는 소수 민족이 정책에 반발하여 시위나 폭동을 일으킬 수 있는데, 이는 새로운 사회적 비용을 발생시킬 것이다. 영국에서는 소수 민족 문화와 영국 문화의 교류를 통해 창조될 수 있는 문화 발전의 가능성이 차단당할 것이다. 앞서 이야기했듯이 입장 차이만으로 비판이 되는 게 아니다. 프랑스나 영국이 '혼종'의 관점에 서 있지 않다고 비판할 게 아니라, 그럼으로써 어떤 문제점이 생겨나는지 밝혀야 한다.

나아가 그래서 어떻게 해야 한다는 대안까지 밝히면 좋다. 물론 분량과 시간이 정해져 있고 학생의 수준에서 완벽한 대안을 생각해 내는 것은 불가능하다. 제시문 〈나〉에 있는 내용을 토대로 대강의 방향 정도를 간단히 서술해 주면 충분하다. 단, 논제가 비판을 요구하고 있으므로 어디까지나 비판 답안이 중심이 되어야 한다.

아래는 예시 답안이다. 비교 부분은 앞의 2장에서 다루었으므로 아래는 비판에 해당하는 답이다.

두 나라 정책의 근본적 문제는 자국 문화가 순수하고 우월하다고 전제한다는 점이다. 〈나〉의 '혼종' 관점에 의하면 모든 문화는 다른 문화와 충돌하고 섞이면서 정체성을 형성한다. 문화에는 단일한 기원이 없으며 이질적인 요소가 포함되어 있다는 것이다. 따라서 두 나라의 문화적 우월의식에는 근거가 부족하다. 그리고 두 나라가 정책으로 자국의 문화정체성을 강요하거나 보호하려는 태도 역시 현명하지 못하다. 프랑스의 경우 공동체 내부의 갈등을 일으켜 사회적 비용을 발생시키고, 영국의 경우 문화적 교류를 통한 새로운 문화 발전의 가능성을 차단하게 된다. 문화적 차이를 인정하면서 새로운 연대를 모색하려는 시도가 필요하다. (345자)

비판 유형 연습하기

끝으로 아주 재미있는 논제를 소개한다. 비판 유형 연습에 딱이다. 주제는 '개인의 동일성'.

| 한양대학교 2011학년도 모의 논술(1차) 인문계 |

〈가〉

　존경하는 재판관님, 도심의 번화가를 미친 듯이 휘젓고 다니며 자동차와 건물을 파괴한 자는 온몸이 푸르스름하고 덩치가 엄청나게 큰 자입니다. 그러나 저의 의뢰인 브루스 배너는 보시다시피 흰 살결에 몸집이 작은 남자입니다. 결단코 제 의뢰인은 몇 주 전 도심을 아수라장으로 만든 자와 동일 인물이 아닙니다. 브루스 배너가 어쩌다가 헐크라는 인물로 변했다가 자기 자신으로 돌아온 점은 인정합니다만, 문제의 행위가 저질러지는 동안 현장에 있던 사람은 브루스 배너가 아니라 헐크라는 인물입니다. 벌건 대낮에 많은 시민들에게 공포심을 유발했던 덩치 큰 괴물은 그 어떠한 기준에서 보았을 때도 체중과 신장, 그리고 피부색에서 볼 때 지금 제 옆에 있는 이 소심해 보이는 남자와 그 어떤 유사성도 지니고 있지 않습니다. 따라서 검사가 누군가를 이 법정에 세우고자 한다면 헐크를 잡아와야 합니다.
　또한 여기서 제가 푸른색 괴물과 제 의뢰인이 '동일 인물'이 아니라고 말하는 것은 외양의 차이를 기준으로 양자가 동일인이 아님을 주장하거나 "브루스는 모닝커피를 마시지 않으면 도저히 같은 사람이 아니야"라고 말할 때보다 더 근본적인 의미에서 둘 사이의 연관성을 부인하는 것입니다. 우리 모두에게 누군가를 하나의 개인으로 확인하고 인정하는 것은 이름과 소속을 묻거나 신분증명서의 사진을 통해 동일인임을 확인하는 과정을 포함할 것입니다. 예를 들면 재판관님은 재판에 앞서 피고에게 당신이 브루스 배너인가라는 질문을 통해 피의자의 신분을 확인을 하셨습니다. "네"라고 자신 있게 대답한 브루스 배너의 확신을 가능하게 한 것은 브루스 자신의 신분증과 이름에 각인되어 있는 그의 다양한 사회적 관계 맺음과 그것을 인정해온 우리 사회의 법적·문화적 제도, 혹은 관례라고 할 수 있습니다. 이것이야말로 시간이 흐르는 동안 다른 사람이 우리를 동일 인물이라고 여기면서 지속적이고 신뢰할 수 있는 관계를 형성할 수 있게 해주는 핵심적 가치입니다. 그는 신분증에 의해서 법적으로 브루스 배너로 인정받지만 그의 가족과 친구를 비롯하여 주변 사람들 모두가 그를 헐크와는 다른 브루스 배너라고 인정하고 그와 관계를 유지하고 있습니다. 따라서 가족, 이웃, 공동체라는 각각의 사회적 관계 속에서 평소 우리가 함께 차를 마시고 인사를 건네던 브루스 배너와 도심을 일순간 혼란에 빠트린 푸른색 괴물을 동일 인물로 인정할 그 어떤 인과관계와 연속성도 찾을 수 없습니다.

〈나〉

존경하는 재판관님, 무엇보다 의뢰인의 변호사가 말한 지속성이라는 측면에서 이 재판을 바라보았을 때도 브루스 배너가 이 법정에 서야 하는 것은 너무도 당연한 일임을 말씀드리고 싶습니다. 유순해 보이는 브루스 배너 씨가 솔기가 터져버린 누더기를 걸친 근육질의 괴물과 달라 보이는 것을 부인할 수는 없습니다. 그러나 한 개인의 동일성을 입증하는 데 신체적 연속성은 '일정' 정도만 있어도 된다는 사실을 간과해서는 안 될 것입니다.

한 가지 비유를 들어 보겠습니다. 제가 배 한 척을 사들여 '푸른 바람'이라고 이름을 짓습니다. 몇 년 지나 배에 수리할 곳이 생겨 갑판과 용골을 새것으로 바꾸었고, 많은 시간이 흘러 배의 거의 모든 부품을 새것으로 바꾸었다면, 그래도 이 배는 여전히 '푸른 바람'일 수 있을까요? 우리의 직관은 "그렇다"라고 답할 것입니다. 브루스 배너가 과거에 자주 접속하던 인터넷 게시판에 발을 끊거나 다른 지역으로 이사를 가고 전화번호를 바꾸고 혹은 성형수술을 받는다고 해서 브루스 배너가 전혀 다른 사람이 되었다라고 말할 수 있을까요? 분명히 우리는 그렇게 생각하지 않을 것입니다. 폭력성을 표출하는 헐크의 정신이 온전한 사고를 못하는 것처럼 보이는 것은 사실입니다. 그러나 그는 베티 로스를 비롯한 몇몇 친구를 여전히 알아보며 이들을 지켜주려는 마음이 있는 것처럼 보이는 것 역시 부인할 수 없는 사실입니다. 지금 이 자리에 증인으로 출석한 베티 로스, 데이비드 배너, 로스 장군, 그 밖의 사람도 헐크와 브루스 배너가 동일인물인 것처럼 대했다고 증언하였습니다. 아마 이들은 브루스의 몸이 헐크로 변하는 과정을 지켜보았고, 헐크의 마음속에 그들이 아는 브루스의 특징이 조금이나마 남아 있음을 느껴서 이런 반응을 보였을 것입니다. 이처럼 헐크가 다른 사람과 맺고자 하는 관계는 본질적으로 브루스 배너가 그전에 맺어놓은 관계의 연속선에 있습니다.

마치 헐크 몸속에 배너가 갇혀 있는 것처럼, 적어도 배너의 정신과 기억은 그 안에 들어 있는 것입니다.

또한 푸른색 피부와 근육질의 거대한 몸집을 지닌 괴물을 여전히 브루스 배너라고 부를 수 있는 이유는 무엇보다 시간이 흘러도 지속하는 개인의 동일성을 가능케 하는 기본적 조건으로서 자기 성찰을 통해 자신이 진정 생각하는 존재임을 인식하는 능력이라고 할 수 있습니다. 다시 말해 시간이 지나도 개인이 연속성을 지니는 것은, 과거에 자기 성찰을 통해 자신이 생각하는 존재임을 인식했고 기억을 통해 이런 사실을 반성할 수 있기 때문입니다. 헐크에게서 주변 환경이나 사람들에게 심한 혼란을 느끼면서도 자신이 어떤 상황에 놓여 있는지 이해하려고 애쓰는 모습을 빈번히 목격할 수 있습니다. 이러한 이해는 동시에 브루스 배너의 삶에 구현된 다양한 경험을 바탕으로 합니다. 예를 들면 브루스는 아버지 데이비드 배너와 전화 통화를 하면서 베티 로스를 없애기 위한 행동에 들어갔다는 이야기를 듣고서, 즉각적으로 베티를 보호하고 아버지의 계획을 좌절시킬 결심을 합니다. 이 결심은 흥미롭게도 헐크에 의해 구체적 실행에 옮겨집니다. 따라서 과거의 기억과 이 기억을 통해 실제 일어나는 것 사이의 인과관계는 명백히 과거의 일을 경험한 자와 현재 그 기억을 떠올리는 자 사이의 연속성을 증명하는 셈입니다. 이러한 자기 성찰과 반성적 사고는 브루스 배너와 헐크 사이의 부인할 수 없는 연결고리라고 말씀드리고 싶습니다.

논제. 제시문 〈가〉와 〈나〉를 참고하여 ①변호사와 검사는 각각

　설정이 아주 흥미진진하면서 철학적인 논점을 제기한다. 1번 문제는 '개인의 동일성'을 놓고 변호사와 검사가 펼치는 주장을 비교하라는 문제다. 이 장에서는 2번이 요구하는 비판 유형이 주안점이므로 1번은 예시 답안으로 바로 넘어가자. 선량한 과학자 브루스 배너와 미치광이 괴물 헐크는 동일 인물인가 아닌가? 개인의 동일성을 판단하는 기준은 무엇인가? 이러한 논점에 대해 변호사와 검사는 '신체적 외양'과 '사회적 관계'라는 비교 기준을 공통적으로 적용한다.

　변호사는 헐크와 배너는 다른 인물이라고 주장한다. 우선 신체적 외양의 차이에 주목하여, 흰 살결의 자그마한 배너와 엄청나게 큰 덩치의 푸른색 괴물 헐크는 동일 인물일 수 없다는 것이다. 또한 변호사는 사회적 관계에서 비롯된 사회적 인정 여부가 동일성 판단의 핵심 기준이라고 말한다. 즉 배너의 가족, 친구, 주변 사람들이 그를 헐크가 아닌 배너로 인정하고 관계를 유지하고 있다는 것이다. 변호사는 이처럼 외적 측면을 기준으로 개인의 동일성을 판별하고 있다.

반면 검사는 헐크와 배너가 동일 인물이라고 주장한다. 우선 신체적 외양은 동일성의 결정적 기준이 될 수 없으므로, 외면적 차이를 가지고 헐크와 배너가 다르다고 말할 수 없다는 것이다. 변호사가 제시한 사회적 관계의 측면에서 보더라도 헐크는 배너와 동일 인물이다. 배너의 주변 사람들은 배너를 대했던 것처럼 헐크를 대했으며, 이것은 헐크가 배너가 만들어 놓은 관계의 연속선상에 있음을 의미한다. 또한 검사는 외적 측면만을 강조하는 변호사와 달리 자아 인식의 연속성이라는 내적 측면이 개인의 동일성을 판단하는 핵심 기준이라고 말한다. 헐크가 배너의 친구들을 기억하고 그들을 지켜 주려 한 일은 기억의 연속성이 존재하기 때문이며, 따라서 두 사람은 동일 인물인 것이다. (626자)

위의 비교 답안으로부터 검사의 주장을 뚜렷하게 드러내고 그 것을 반박(비판)해 보자. 검사의 논점과 근거가 다양하므로 비판 역시 다양하게 이루어져야 한다. 여러분 스스로 생각해 본 다음 해설을 보라.

- 검사 (신체의 외양 측면에서) 배너와 헐크는 외관상 동일하지 않지만, 이는 중요한 기준이 아니다. 신체의 연속성은 일정 정도만 있어도 된다.('푸른 바람'호의 비유)
- 변호사 '일정 정도의 신체적 연속성'은 도대체 어디까지일 까? (검사의 전제가 애매모호함을 지적할 수 있다.) 만약 '푸른

바람'호가 난파되어 남은 것이 못 하나라고 할 때, 새로운 배를 건조하여 그 못을 박기만 해도 그 배를 '푸른 바람'호라고 할 수 있을까? 이 물음에 답하기 어렵다는 것은 두 개의 대상이 외양의 연속성이 매우 적을 경우 동일성을 보장하기 힘들다는 것을 의미한다. 그런데 검사도 인정하듯이 헐크와 배너는 신체적 유사성이 거의 없다.

- 검사 (사회적 관계 측면에서) 배너와 헐크는 동일하다. 사람들이 헐크와 배너를 동일 인물로 대했다. 그리고 헐크는 배너가 맺은 관계의 연속선상에 있다.
- 변호사 배너와 가까운 지인들이 헐크를 배너의 연속선상에서 대한 것은 사실이다. 하지만 이는 사람들이 배너와 같은 수준에서 헐크와 사회적 관계를 유지한다는 의미는 아니다. 헐크는 폭력적이고 정신이 온전치 못하므로 일상적인 사회적 관계를 유지할 수 없다. 따라서 사회적 관계의 측면에서 봐도 헐크와 배너는 동일 인물이 아니다.

- 검사 (자아 인식의 연속성 측면에서) 배너와 헐크는 동일하다. 왜냐하면 헐크는 배너의 기억을 토대로 행동해 왔기 때문이다.
- 변호사 기억의 연속성이 개인의 동일성을 판단하는 기준이 될 수 있는가? 그렇다고 확정할 경우 문제는 없는가? (즉

귀결을 문제 삼아 보자.) 만약 이 기준을 인정한다면, 치매에 걸려 과거를 전혀 기억하지 못하는 사람은 치매에 걸리기 전과 동일한 인물이 아니라고 해야 할 것이다. 그것을 받아들일 수 있는가? 또한 헐크가 배너의 기억을 토대로 움직이더라도, 배너는 헐크로 변신한 후의 기억을 갖고 있지 않다. 게다가 배너는 헐크를 통제할 수조차 없다. 이는 자아 인식의 연속성이 일부 있더라도 매우 불완전하다는 이야기다. 헐크가 배너를 일방적으로 이용하는 것일지는 몰라도 둘이 동일하다는 근거는 될 수 없다.

아래는 예시 답안이다.

검사는 개인의 동일성에 대한 자신의 기준에 따라 헐크와 배너가 동일하다고 주장한다. 그러나 그 주장은 타당하지 않다. 우선 검사는 신체의 연속성은 일정 정도만 있으면 된다고 한다. 그러나 외양의 연속성이 극도로 작다면 동일성은 보장하기 힘들다. 검사가 예로 든 '푸른 바람'이 난파되어 못 하나만 남았다면, 새로운 배를 만들어 그 못을 박고 그 배가 '푸른 바람'이라고 할 수는 없을 것이다. 헐크와 배너가 신체적 유사성이 거의 없다는 점은 검사도 인정했으므로, 둘은 동일 인물일 수 없다.

한편 검사는 자아의 연속성 측면에서, 헐크는 배너의 기억을 토대로 움직이므로 둘은 동일하다고 한다. 하지만 기억의 연속성은 동일성의 기준이 될 수 없다. 그것을 인정한다면 심한 치매나 기억상실증에 걸린 사람은 모두 전과 다른 인물이 되는 셈이다. 이는 사회적으로 인정된 동일성마저 해체하는 결과를 낳는다. 또한 검사는 헐크는 배너가 맺은 사회적 관계의 연속선에 있다고 하지만, 그것은 배너의 친구들이 변신 장면을 보고 둘의 동일성을 추측한 것이지 헐크가 실제로 배너의 사회적 관계를 대신할 것이라고 기대할 수는 없다. 모든 것을 종합할 때 헐크와 배너는 동일 인물이 아니다. (595자)

:: 9장 ::

입장을 확실하게 밝혀라
견 해 쓰 기

마라톤으로 치면 이 책도 결승 지점으로 다가가고 있다. 우리가 공부해 온 네 가지 유형—요약, 비교, 설명, 비판—의 공통점은 상대적으로 논제가 요구하는 것이 명확하다는 것이다. 이 글을 요약하라든가, 이것과 저것을 비교하라든가, 이 자료를 해석해 보라든가, 상대방 입장을 비판하라든가 등등, 난이도는 문제마다 천차만별이지만 무엇을 요구하는지 몰라서 문제를 못 푸는 경우는 별로 없다. 게다가 신경 써서 읽으면 문제 해결의 단서도 대부분 제시문 안에서 찾을 수 있다.

그런데 아래와 같은 발문을 만나면 무엇을 어떻게 하라는 것인지 얼떨떨해진다.

- 〈가〉와 〈나〉를 비교한 다음 자신의 견해를 쓰시오.

- 〈A〉와 〈B〉의 차이점을 밝히고, 이에 대해 논하시오.
- 〈1〉과 〈2〉를 비교하고, 그것을 참고해 〈3〉을 논평하시오.
- 〈a〉의 관점에서 〈b〉의 문제에 대한 입장을 밝히시오.
- 〈ㄱ〉에서 제기된 문제상황에 대해 해결 방안을 제시하시오.

이처럼 요약, 비교, 설명, 비판 유형에 포함되지 않으면서, 다른 유형에 비해 필자의 주관과 가치 판단이 개입될 여지가 넓은 문제를 묶어서 견해 쓰기 유형이라고 한다.

그러면 견해 쓰기 유형은 백지 위에 내키는 대로 그림 그리듯 마음대로 쓰면 되는 것일까? "논술에는 정답이 없다."는 말처럼 학생들의 답안도 천 갈래 만 갈래로 나뉠 수 있는 것일까? 절대 그렇지 않다. 그런 문제라면 학생들의 답안을 채점해서 합격과 불합격을 가르는 게 불가능하다.

대학 측에서는 논제에 조건을 달고 제시문을 의도적으로 배치해서 쟁점을 그 속에 숨겨 놓는다. 즉 출제자는 논의의 방향을 미리 정해 놓는다. 채점관은 출제 의도를 잘 읽어 낸 학생들이 쓸 수 있는 대여섯 개의 예시 답안을 만들어 놓고 그것을 기준으로 수험생의 답안을 평가한다. 논술에 단 하나의 정답은 없지만 정답의 범위는 분명히 있다. '논하라'든가 '견해를 쓰라' 같은 무척 애매모호한 발문도 알고 보면 특정한 방향의 글쓰기를 요구하고 있다. 출제 의도를 읽지 못하고 엉뚱한 답을 써서는 안 된다. 손님이 '짬뽕'을 주문했는데 주방장이 "그깟 짬뽕보다는 최고의 탕수육을 보여 주지."라며 설쳐 대다간 고생은 고

생대로 하고 욕만 얻어먹을 것이다.

그럼 견해 쓰기 유형이란 구체적으로 무엇을 어떻게 하라는 유형인가?

견해 쓰기의 발문은 크게 1. 주어진 쟁점에서 한쪽 입장을 선택하라, 2. 주어진 사안에 대해 논평(평가)하라, 3. 주어진 문제에 대한 해결책을 제시하라로 분류할 수 있다. 이때 '논평하기'는 결국 긍정적인 평가나 부정적인 평가 둘 중의 하나로 귀결된다. 반면 '해결책 제시'는 선택지가 여러 갈래로 뻗어 나갈 수 있다.

따라서 1과 2를 묶어서 '쟁점형 견해 쓰기'라고 부르고 3을 '대안 제시형 견해 쓰기'라고 부르기로 하자.

쟁점형 견해 쓰기

쟁점형 견해 쓰기는 답안이 크게 두 가지 방향으로 갈라진다.

"〈가〉와 〈나〉 중에 무엇을 지지하는가?"(예. 가난은 개인의 책임인가 사회의 책임인가?)

"이 사안에 찬성하는가 반대하는가?"(예. 노령 연금을 지급해야 하는가?)

"A라는 상황(또는 이론이나 주장)에 관해 긍정적으로 평가하는가 부정적으로 평가하는가?"

쟁점형 견해 쓰기에서는 선명하게 한쪽 입장을 택해 밀고 나가야 한다. 논술 초보자들은 대개 입장을 절충하거나 이도 저도 아닌 결론으로 빠진다. "가난은 개인의 책임도 있지만 사회의 책임도 크다."는 식으로 하나 마나 한 답을 한다. 혹은 앞부분에서 선택한 입장과 뒷부분에서 전개하는 논지가 달라지기도 한다. 가령 "상점의 야간 영업을 제한해야 하는가?"란 논점이 문제로 제시되었는데, 앞에서는 '영업의 자유'를 내세워 야간 영업을 허용해야 한다고 주장하다가 뒤로 가서는 '근로자의 건강'이 중요하니 영업을 제한할 필요도 있다고 주장하는 식이다. 쟁점이 주어진 논술에서 미적지근한 답은 아무런 도움이 안 된다. 이는 학교 측 채점관이 밝힌 이야기다. 분명한 입장에 서서 다양한 근거로 자기 입장을 뒷받침하려고 시도한 글을 높이 평가한다. 어중간한 절충보다 자기 입장을 명확히 하고 대담하게 논지를 전개하라.

학생의 답안을 첨삭하다가, 입장을 절충하려고 시도한 학생에게 앞으로는 그러지 말라고 하자 그 학생이 걱정스러운 얼굴로 "한쪽 입장만 옹호하면 '균형 감각'이 없어 보이지 않을까요?"라고 물어 왔다. 학생이 걱정하는 부분은 다른 방식으로 해결할 수 있다. 한쪽 입장을 명확히 택해서 쓰되, 자기 입장의 한계를 검토하고 보완하는 내용을 추가하면 된다. 절충이 아니라 보완이다. 앞서 비판 유형에서 배운 반론/재반론 구조와 유사하다. 야간 영업 제한 문제로 예시를 들어보자.

야간 영업을 허용해야 한다는 입장에서 다음과 같이 답안을 전개할 수 있다. "개인의 영업 자유를 보장해야 하므로 야간 영업을 허용하는 것이 옳다. 그런데 이때 근로자의 건강을 해칠 소지가 있다. 하지만 이는 근로자의 휴식 시간을 보장하는 제도를 도입해 해결해 가면 된다."

반대로 야간 영업을 제한해야 한다는 입장에서는 이렇게 쓸 수 있다. "근로자의 건강을 해칠 소지가 있으므로 야간 영업은 제한되어야 한다. 물론 이 경우 개인의 영업 자유를 침해한다는 비판이 있을 수 있다. 그러나 고용주에 비해 상대적 약자인 근로자의 권리를 국가가 우선적으로 보호하지 않으면 안 된다."

쟁점형 견해 쓰기 연습하기

그럼 쟁점형 견해 쓰기의 실제로 들어가 보자. 앞서 6장에서 비교 유형을 공부할 때 평판에 관한 문제를 다루었다. 논제를 한 번 더 살펴보자.

논제. 평판에 관한 〈1〉의 관점에서 〈2〉와 〈3〉을 비교·분석하고, 이에 대한 자신의 생각을 논술하시오. (900자 ±50자)

제시문 〈2〉는 타인을 도우면 좋은 평판을 얻으므로 평판이 사회 구성원의 협력을 유도한다는 입장이었다. 제시문 〈3〉은 동관이 사실과 무관한 평판으로 인해 동네 망나니 '똥간'으로 취급받는 줄

거리의 소설로 평판의 부정적 측면을 보여 주었다. 두 제시문을 비교하여 다음과 같이 정리할 수 있었다.

A. 평판은 실질을 반영하지 못하고 부정적 효과가 더 크다.
B. 평판은 실질을 반영하며 긍정적 효과가 더 크다.

A와 B가 쟁점을 형성한다. 쟁점형 견해 쓰기는 '치열한 쟁점'을 구성할수록 좋은 글을 쓸 수 있다. 시시한 답안은 대개 쟁점이 뚜렷하지 않거나 식상한 쟁점일 경우가 많다. 반대로 좋은 글은 뚜렷하고 의미 있는 쟁점으로부터 나온다. 맞춤법을 좀 틀리거나 글의 꾸밈이 부족한 것은 좋은 쟁점을 찾기만 하면 별 문제가 아니다.

A, B 정도면 좋은 쟁점일까? 아직은 좀 약한 것 같다. 조금 더 쟁점을 밀어붙여 보자. 쟁점에는 '사실' 쟁점과 '당위' 쟁점이 있는데 당위 쟁점이 좀 더 치열한 논쟁을 부른다. 사실 쟁점이란 사실 관계가 이것이냐 저것이냐 하는 것이고, 당위 쟁점은 이것이 옳으냐 저것이 옳으냐, 또는 이것을 해야 하느냐 저것을 해야 하느냐 등 우리의 가치 판단이나 행동 선택을 묻는 것이다. 예를 들어 "조기 영어 교육이 효과가 있는가 없는가?"보다는 "조기 영어 교육이 바람직한가?", "조기 영어 교육을 해야 하는가 말아야 하는가?"가 보는 사람을 끌어당기는 힘이 있다. 당위 쟁점 중에서도 "어떤 대통령이 좋은 대통령인가?" 하는 쟁점보다는 "두 후보 중에 누구를 뽑아야 하는가?"가 매력적이다.

평판에 대한 A와 B 해석으로부터 한 걸음 더 나아가 보자.

A′. 평판의 부정성을 인식하고 평판에 초연해지자.
B′. 평판의 긍정성을 인정하고 평판에 적극적으로 반응하자.

우리는 좋은 평판을 받기 위해 노력해야 하고 타인(정치인이든 기업이든)에 대한 평판도 민감하게 받아들여야 할까? 아니면 평판이란 믿을 수 없는 것이므로 평판을 얻으려 애쓰지도 말고 타인에 대한 평판도 믿지 말아야 할까? 이런 쟁점은 토론해 보고 싶은 마음이 생긴다. 평판이 단순히 긍정적이냐 부정적이냐 하는 쟁점보다 훨씬 할 말이 많을 것 같다. 학생이 여기까지 왔으면 꽤 유리한 고지에 오른 셈이다.

답안은 두괄식으로, 결론부터 제시하며 쓰라. A′나 B′를 첫 문장으로 시작하면 된다. 자기가 택한 입장을 정당화하고 상대방의 입장을 비판하면서 논지를 전개하라. 분량이 허용한다면, 자신의 한계를 검토하고 보완하거나 상대방에 대한 반론/재반론으로 논지를 보강하라.

견해 쓰기는 제시문 내용을 단순히 인용하는 것만으로는 좋은 점수를 받을 수 없다. 답안을 다른 학생들과 차별화하려면 참신한 논거로 자기 주장을 뒷받침해야 한다. 이때 적절한 사례를 들어 논지를 구체화하면 좋다. 몇 월 며칠 신문에 보도된 구체적인 사건이나 어려운 책에 나오는 희귀한 예시일 필요는 전혀 없다. 내 주장에 설득력을 더해 줄 수 있는, 교과서 수준의 쉽고 간명한 이야기를 사례로 들면 된다. 있을 법한 일이기만 하면 가상적인 사례라도 문제없다.

아래는 B′를 택한(제시문 〈2〉를 택한) 개요이다. 문제가 요약과 비교 유형도 포함하고 있으므로 전체 답안 분량의 3분의 1 정도인 300~350자 분량(단락 한 개)으로 개요를 작성했다.

결론 평판을 중시하고, 평판에 적극적으로 반응해야 한다.

이유 평판은 실질적인 내용을 반영하고, 긍정적인 효과가 크다.

A′를 반박하는 근거 제시문 〈3〉처럼 '신뢰할 수 없는 평판'이 나오는 이유는 단지 '평판의 장'이 너무 좁았기 때문이다. '똥간'의 좁은 마을에서는 거짓 평판이 일시적으로 통할 수 있지만, 평판의 장이 커지면 거짓 평판이 통할 수 없다. 예를 들어 오늘날 현대 사회에서 기업이 질 나쁜 상품을 판매하다가는 네티즌들의 고발 여론에 즉각 봉착하게 될 것이다.

B′를 지지하는 근거 평판을 긍정하면 우리는 자신의 이익을 위해서라도 타인과 협력하게 된다. 결과적으로 사회 전체에 이익이 발생한다.

결론 재확인 평판을 중시하는 태도는 개인과 사회 모두에 긍정적인 영향을 준다.

우리는 평판을 중시하고 적극적으로 반응하는 태도를 가져야 한다. 평판은 실질을 반영할 수 있으며 긍정적 효과가 더 크기 때문이다. 제시문 〈3〉처럼 신뢰할 수 없는 평판이 나오는 것은 평판의 장이 너무 작기 때문이다. 좁은 마을에서는 일시적으로 거짓된 평판이 통할지 모른다. 하지만 평판의 장이 넓어지고 참여자가 늘어나면 집단지성이 작동하면서 거짓은 통하지 않는다. 가령 오늘날 기업의 상품에 작은 하자만 있어도 인터넷을 통해 즉각 공유되므로 기업은 거짓된 평판을 지키지 못한다. 평판을 신뢰하는 가운데 우리는 자기의 이익을 위해서라도 타인과 협력하며, 결과적으로 사회 전체에 이타적 행위를 확산시킨다. 이처럼 평판을 중시하는 태도가 개인과 사회 모두에 이익을 주게 되는 것이다. (자신의 생각을 논술, 380자)

아래는 반대 입장의 예시 답안이다.

우리는 평판에 연연하지 않는 주체적인 삶을 살아야 하며, 타인에 대한 평판에도 비판적 시각을 유지해야 한다. 평판은 실질을 반영할 수도 없고 부정적 효과가 더 크기 때문이다. 평판은 〈3〉처럼 재밋거리로 선한 사람을 망나니로 만드는 등 소수자에 대한 폭력이 될 수 있다. 평판의 장이 넓어진다고 해도 거짓 평판은 사라지지 않는다. 오늘날 매스미디어 시대에는 자본과 지위가 있으면 여론을 조작하기 더 쉬워졌다. 기업은 평소 광고비를 통해 언론으로부터 좋은 평판을 '구매'할 수 있고, 그럴 힘이 없는 노동자들은 정당한 파업을 해도 집단 이기주의라는 나쁜 평판을 얻을 수 있다. 또 평판이 사회적 협력을 이끌어 내는 점이 있다 해도, 장래에 타인의 호의를 얻을 것을 계산하여 평판을 유지하는 행위는 도덕적이라고 하기 어렵다. (402자)

평판의 긍정적 효과를 강조하는 답안과 부정적 효과를 강조하는 답안 외에 제3의 답안을 쓰고 싶다면? 앞에서 말한 것처럼 어중간한 답은 좋지 않다. 하지만 한쪽의 입장을 택하되, 그것의 한계점까지 드러내어 보완하는 답안이라면 채점자에게 학생의 깊은 사고를 보여 줄 수 있다. 평판의 긍정성을 인정하면서도 동시에 부정적 측면을 보완하는 방법은 없을까? 평판의 신뢰성을 높이려면 무엇을 해야 할까? 이와 같은 추가적인 질문을 던져 보자. 그 질문에 대한 답으로 아래와 같은 글을 쓸 수도 있다.

평판은 적은 비용으로 사회적 협력을 이끌어내므로 긍정적 효과가 크다. 사회적 협력을 국가가 강제로 끌어낸다면 개인의 자유를 침해할 위험이 있지만, 평판의 장이 매개가 된다면 각자의 이익을 위해 자발적 협력이 가능하다. 문제는 평판의 신뢰성을 확보하는 방법이다. 실질을 반영하지 못하는 평판은 누군가에게 일방적 폭력이 되거나 반대로 부당한 이익을 줄 수 있다. 평판의 신뢰성을 확보하려면 첫째, 공정한 언론이 존재해야 하며 둘째, 시민들이 비판적 사고를 가져야 한다. 공정한 언론과 비판적 시민의식은 거짓 평판을 최소화하는 방어벽이 될 것이다. 혹자는 거짓 평판은 법으로 규제하자고 할지 모르나, 그것은 평판의 장 자체를 위축시킬 수 있으므로 자제해야 한다. (367자)

대안 제시형 견해 쓰기

이번에는 대안 제시형 견해 쓰기 유형을 살펴보자.

| 한국외국어대학교 2012학년도 수시 모집 일반 전형 논술 |

〈자료 3〉

순자의 학설 중 가장 중시되는 것은 성악설로 이는 맹자의 성선설과 대립된다. 순자가 말한 바에 의하면 교육을 받지 않은 것은 선할 수 없다. 순자의 논점은 '인간의 본성은 악(惡)이고, 그 선함은 위(僞)이다.' 위(僞)는 인위적인 것이다. 표면적으로 본다면 순자는 인간을 과소평가한 것 같으나 실제로는 정반대이다. 순자의 철학은 교양의 철학이라고 말할 수 있는데, 그 요지는 선한 것이나 가치가 있는 모든 것들은 인간의 노력의 산물이라는 것이다. 가치는 문화에서 비롯되고 문화는 인간이 만든다. 바로 이 점으로 인해 인간이 우주에서 하늘이나 땅과 동등한 중요성을 가진다. 금수(禽獸)도 부자(父子)가 있고 수컷·암컷이 있지만, 이것은 자연적인 것이다. 그러나 인간의 부자유친(父子有親)이나 남녀유별(男女有別)은 자연적인 것이 아닌 사회적 관계이며, 인위와 문화의 산물이다. 그것은 자연의 산물이 아니고 인간정신의 창조물이다. 인간은 사회적 관계와 예가 있어야만 금수와 구별될 수 있는 것이다.

_馮友蘭, 『中國哲學簡史』

〈자료 4〉

도시화·산업화는 청소년 폭력의 양적 증가뿐만 아니라 질적 변화도 야기하고 있다. 이것은 지역사회의 상대적 빈곤과 계층 차이에서 오는 부모 권위의 약화, 빈곤, 의료 혜택 부족, 직업 및 생활수준의 심한 격차에서 오는 심리적인 열등감, 다른 계층으로의 전환 시도의 실패에서 오는 좌절과 포기 등의 문제를 파생시켰다. 이러한 맥락에서 볼 때, 학교폭력을 유발하는 지역사회의 원인으로는 학교 주변의 유해환경을 들 수 있는데, 예컨대 오락실, 유흥업소, 노래방, 게임방 등이 대표적이다. 이러한 유해환경은 청소년들의 호기심을 자극하고 유흥비에 대한 욕구를 만들어 냄으로써, 다른 청소년들에게 폭력을 행사해서라도 금품을 갈취하는 행동을 선택하도록 하는 분위기를 조성하였다.

_김창군·임계령, 「학교폭력의 발생원인과 대처방안」

논제. 〈자료 3〉의 관점에서, 〈자료 4〉에 제시된 청소년 폭력의 발생 원인에 대해 분석하고 청소년 폭력 예방 및 재발생 금지를 위한 방안을 제시하시오. (800자 내외)

청소년 폭력 예방 및 재발 금지를 위해 해결책을 내놓으라는 논제다. 한국외대는 두 시간 동안 총 세 개의 논제를 풀게 하는데, 위 논제는 그중 마지막 논제로 출제되었다. 참고로 말하자면 한국외대 논제는 대체로 정합성이 높고 제시문도 크게 어렵지 않은데 적어도 두 개의 제시문이 영어로 출제된다. 영어 제시문은 수능 영어처럼 대강 읽어서는 곤란하고 꼼꼼하게 독해하여 논지를 뽑아낼 수 있어야 한다.(위 문제에서는 영어 제시문을 생략했다.)

대안 제시형 견해를 쓰려면 두 가지를 유의해야 한다. 하나는 논제가 요구하는 관점이나 방향에 입각해서 해결책을 내놓아야 한다는 것이다. 이 논제에서는 〈자료 3〉의 관점에 서서 문제를 해결하라고 조건을 못 박아 놓았다. 〈자료 3〉의 관점부터 파악하여 〈자료 4〉로 체계적으로 적용하여 문제를 풀어야 한다. "청소년 폭력? 나한테 100퍼센트 해결할 비법이 있다니까."라며 논제가 지정한 조건과 무관하게 자기만의 해법을 늘어놓아 봤자 감점만 돌아온다.

또 하나는 원인이 구체적이어야 해결 방안도 구체적으로 도출된다는 점이다. 위 논제처럼 청소년 폭력의 원인을 분석하라고 요구하는 경우도 있지만, 다짜고짜 해결책이나 대안을 쓰라는 논제도 있다. 이런 경우에도 원인 분석이 먼저여야 한다. 원인을 다각적으로 분석하면 당연히 그에 대응하는 해결책도 다각적으로 나오기 때문에 답안이 그만큼 풍성해진다. 원고지를 채우는 길은 문장 길이를 늘이는 게 아니라 글감을 늘리는 것이다.

이 논제는 크게 두 개의 소논제로 되어 있다. 첫째, 〈자료 3〉의

'순자'의 관점을 정리하여 〈자료 4〉의 '청소년 폭력의 발생 원인'을 분석해야 한다. 둘째, 원인 분석으로부터 청소년 폭력 예방 및 재발 방지 방안을 제시해야 한다.

첫째 요구는 요약+설명으로 적용 유형에 해당한다. 〈자료 3〉에서 분석에 쓰일 도구를 뽑아내고 〈자료 4〉로부터 분석 대상을 파악하여 그것들을 서로 연결하면 된다. 〈자료 3〉에서 순자의 관점은 "인간은 본성적으로 악하지만, 교육과 사회적 관계와 문화적 노력을 통해 선하게 만들 수 있다." 정도로 정리할 수 있다. 교육, 사회적 관계, 문화적 환경 등이 인간의 행동을 결정하는 중요한 요소들이다. 이런 핵심어를 세세하게 잡아 내야 한다. 게임에서 다음 단계로 넘어가려면 무기, 열쇠, 약물 등 필요에 맞는 도구를 충분히 확보해야 하듯이 말이다. 두루뭉술하게 "인간은 인위적인 노력으로 선해질 수 있다."라고만 정리하면 그만큼 적용에 써먹을 무기가 줄어드는 것이다.

'순자'를 적용하여 청소년들이 폭력 행위를 하게 되는 원인을 살펴보자. 교육, 관계, 문화가 인간을 선하게 만든다면, 그 요인들이 제 기능을 못하고 있는 것이 폭력 행위를 하게 되는 배경이라고 할 수 있다.

- 관계의 측면 상대적 빈곤으로 인해 부모의 권위가 약화되고 있다. 이는 가정이라는 가장 기초적인 관계가 약화된다는 것이다. 또한 빈곤과 열악한 복지로 인해 좌절감이 커지는

데, 이는 사회 구성원으로서의 다른 구성원과의 관계가 약화된 것이다. 관계의 약화 속에 폭력적 본성이 표출된다.

- 문화의 측면 학교 주변에 상업적, 선정적 문화를 조장하는 유해 환경이 확산되고 있다. 유해 환경은 청소년들이 유흥비를 구하려고 금품 갈취에 나서게 하는 등 악한 행동을 자극한다.
- 교육의 측면 제시문에서는 명시적으로 드러나지 않지만, 청소년 폭력을 예방하는 데에 학교가 별 역할을 못하고 있음을 알 수 있다. 학교 교육이 입시 위주의 경쟁 교육만을 강조하며 인성 교육을 방치한 것이 문제다.

이상의 세 가지 논점을 기초로 해결 방안을 도출하면 된다. 아래 예시 답안도 세 가지 측면에서 방안을 모색했다. 학생들의 답안을 보면 "유해 환경을 개선해야 한다."라는 내용으로 글의 대부분을 채운다. 순자의 관점을 적용하지 않고 〈자료 4〉에서 직접 드러난 문제점을 한 번 더 인용하는 데에 그치고 있다. 게다가 "학교 폭력은 일벌백계가 필요하다."든가 "가해자를 격리해야 한다."는 답안도 많은데, 실제로 그런 방법이 효과가 있는지는 차치하고 어쨌든 '순자 스타일'은 아니다. 순자는 인간이 악한 본성을 지녔음에도 교화될 수 있다고 믿었기 때문이다.

학생들의 답안을 보며 아쉬웠던 점은 또 있다. '한 발만 더 나아가면 좋겠는데…'라는 생각이 들었던 때가 한두 번이 아니다. 가령 "학교 주변의 유해 환경을 단속하자."고 하고 거기서 멈추어 버린다. 학생들의 오락실, 게임방 출입이 문제라면 단순히 그 공간을 없애 버리는 것으로 문제가 해결될까? 그 학생들에게 어떤 대안을 마련해 주어야 하지 않을까? 동아리 활동을 지원해 주거나, 보다 건강한 청소년 문화 공간을 만들거나 해야 한다. 문제를 제거하는 것만으로 끝나지 않는다. 대안을 제시해야 하고, 대안은 가급적이면 구체적이고 실현 가능해야 한다.

답안은 '단락 1: 순자의 관점 정리, 단락 2: 원인 분석, 단락 3: 해결 방안'으로 구성했다. 해결 방안을 제시할 때는 예상되는 반론을 고려해 주장의 한계점을 보완해 보았다.

〈자료 3〉의 순자는 인간은 본성적으로 악하나 교육, 문화, 사회적 관계를 통해 가치 있는 존재로 발전할 수 있다고 한다. 이 관점에서 볼 때, 청소년 폭력의 증가는 본성 때문만은 아니며 그러한 본성을 순화·교화시킬 사회적 노력이 부족하기 때문이다. 순자가 강조하는 교육, 문화, 사회적 관계가 제 기능을 하지 못한 것이다.

상대적 빈부 격차가 커지면서 부모의 권위가 약화되는데, 이는 가정이라는 일차적인 관계의 약화를 의미한다. 관계가 약화되면서 인간의 폭력적 본성이 표출되는 것이다. 학교 주변의 상업적이고 선정적인 문화도 이런 본성의 표출에 일조하고 있다. 게다가 학교는 입시 위주의 교육만 중시하느라 인성 교육, 공동체성 교육을 홀대한다. 이 상황에서 청소년들은 본능적 충동을 억제하지 못해 폭력을 휘두르게 된다.

따라서 학교 폭력을 예방하고 재발생을 막으려면, 우선 교육적 측면에서 학교와 가정의 인성교육을 강화해야 한다. 입시 교육이 아닌 공동체적 협력과 배려를 가르치는 교육으로 전환해야 한다. 또한 문화적 측면에서 학교폭력의 직접적 원인인 학교 주변 유해환경을 단속하고, 청소년들이 건전한 문화를 즐기도록 정책적 지원을 해야 한다. 예컨대 교내 동아리 활동을 장려하고 마을마다 청소년 문화센터를 증설해야 한다. 마지막으로 사회적 관계를 회복하려면 먼저 가정 해체를 막아야 한다. 가정 해체는 경제적 요인이 크므로 사회의 양극화 해소와 복지 체계 구축이 동반되어야 한다. 혹자는 가해 청소년들을 격리하는 강경한 조치를 요구할 수 있다. 그러나 순자의 관점에서 인간은 후천적으로 변화될 수 있다. 강한 처벌은 당장 피해를 줄이더라도 본성을 교화하지 못해 더 큰 위협으로 돌아올 것이다. (835자)

내가 제시하는 예시 답안은 어려운 사례를 포함하지도, 고등학교 수준을 넘는 철학적인 개념이나 이론을 포함하지도 않는다. 일부 논술 강사들이 인터넷에 올리는 답안을 보면 과연 이 답안을 강사 자신은 이해했을까 싶다. 자신이 명쾌하게 문제를 이해하지 못하면 답도 난해하기 마련이다. 학생들이 자신의 필요에 따라 논술 학원을 찾거나 인터넷 강의를 들을 수는 있다. 다만 들어 보고 강사가 논제에서 요구하지도 않은 지식을 늘어놓고 안드로메다 수준의 난해한 표현을 쓴다 싶으면 거기서 시간을 낭비하지 않기 바란다.

논술은 문제 해결의 글쓰기다. 문제를 확실하게 정의하는가, 문제에 대한 대답을 선명하게 표현하는가, 쉽고 대중적인 논거로 입장을 정당화하는 방법을 가르치는가 등을 기준으로 제대로 된 논술 수업을 선택하길 바란다.

고난이도 문제 연습하기

견해 쓰기 유형을 마무리하면서 아래 문제를 같이 풀어 보자. 이 문제는 쉬운 제시문으로 고차원적인 논점을 구성할 수 있음을 잘 보여 준다. 특히 제시문 세 개를 비교하는 독특한 비교 유형도 포함하고 있다.(비교+견해 쓰기 유형) 이 문제는 쟁점을 제대로 잡지 못하면 매우 상투적인 대답에서 헤매게 된다. 좋은 쟁점 잡기가 얼마나 중요한지 공부해 보자.

| 홍익대학교 2011학년도 수시 1차(인문계) 논술 |

〈가〉

수정란 및 수정된 때부터 발생학적으로 모든 기관이 형성되는 시기까지의 분열된 세포군을 '배아'라고 한다. 언제부턴가 우리 사회는 인간배아줄기세포의 '다분화가능성(pluripotency)', 즉 신체를 구성하는 다양한 세포로 분화될 수 있는 특성을 활용하면 만성 환자들을 치료할 수 있다는 희망에 과도하게 몰입되어 있다. 이러한 사회적 분위기에서 연구 목적상 인간 배아의 이용을 허용하는 법률이 만들어졌다.

이 법률이 생명권을 침해하는지 여부에 대하여, 2010년 5월 27일 헌법재판소는 수정 후 14일이 지나 원시선*이 나타나기 전 수정란 상태의 배아는 인간으로 인식된다거나 그와 같이 취급하여야 할 필요성이 있다는 '사회적 승인'이 존재한다고 보기 어렵다면서 생명권 침해 가능성을 부정하였다.

그러나 생물학적으로나 유전학적으로는 생명의 시작은 수정이 이루어진 때라는 점은 부인하기 어렵다. 배아, 태아, 출생한 인간은 동일한 유전자를 갖고 있고 연속선상에 있는 동일한 생명체이다. 우주의 크기와 맞먹는 절대적·보편적 가치를 갖는다는 인간의 생명은 우리 헌법이 보장하고 있는 '인간의 존엄성'의 바탕이다. 그럼에도 불구하고 사회적 승인이라는 애매한 잣대를 제시하면서 인간 배아 생명의 조작과 파괴를 수반하는 실험을 허용하는 헌법재판소의 결정은 국가의 생명 보호 의무를 저버리는 것이다. 사회적 승인이란 기준은, 한때는 역시 배아였지만 현재 먼저 출생하여 이 사회를 구성하고 있는 인간들의 이기심의 표현에 불과하다. 비록 치료 목적이라고 해도, 성급하게 수많은 실험용 인간 배아의 파괴를 용인하기보다는 생명을 파괴하지 않고서도 다분화가능성을 갖는 줄기세포를 얻을 수 있는 대안들을 먼저 모색했어야 했다.

또한 인간 배아에 대한 실험이나 폐기에 대한 동의권을 그 부모, 즉 배아 생성자에게 인정하는 것도 문제이다. 배아의 생명은 배아에 고유한 것으로 그 부모가 그 생명을 박탈할 수 있다는 근거는 어디에도 없다.

*원시선: 조류 및 포유류의 발생, 즉 배아 초기 발달 과정에서 일시적으로 배아의 중앙을 따라 형성된 선형(線形)의 융기.

〈나〉

뱃속의 아이를 지울 수 있는 권리, 즉 낙태권이 여성의 인권으로서 보장되는지 여부에 대해서는 생명 수호 입장(pro-life)과 여성의 선택권을 지지하는 입장(pro-choice)이 첨예하게 대립하고 있다. 이 문제에 관한 대표적인 판례의 하나로 로우 대 웨이드(Roe vs. Wade) 판결을 들 수 있다.

1973년 미국 연방대법원은, 임산부의 생명을 구하기 위한 경우를 제외한 모든 형태의 낙태를 금지하는 텍사스주(州)법이 미국의 최고 법인 연방헌법에 위반된다는 판결을 내렸다.* 이 판결에 따르면, 여성은 연방헌법상 기본권의 하나인 '사생활(privacy)권'의 연장으로서 낙태결정권을 갖는다. 다만 그 권리, 즉 여성의 낙태 이익은 주(州)가 입법(立法)을 통해 실현하려는 이익, 즉 태아의 생명 보호 이익 및 임산부의 건강 보호 이익과 균형을 맞추어야 한다. 이러한 '이익 형량'**에 따라 임신 첫 3개월 동안 주는 여성의 낙태를 사실상 제약할 수 없으나, 임신 4개월부터 6개월까지는 모성보호에 입각하여 합리적으로 낙태 과정을 규제할 수 있다. 또한 마지막 3개월 동안은 태아의 독자적 생존가능성의 증가와 출생 전의 인간 생명을 보호해야 하는 주의 이익이 보다 크기 때문에 주는 낙태를 사실상 금지할 수 있다고 판시하였다.

* 주법을 포함한 법률의 미국연방헌법 위반 여부에 대하여 미국 연방대법원이 최종적 결정을 내릴 수 있다.

** 이익형량(利益衡量, balancing of interests): 어떤 사회에서 둘 이상의 정치적, 경제적, 법적 이익들이 상호 충돌 또는 경쟁 관계에 있는 경우 그 이익들의 비중을 비교하여 보다 중한 이익을 우선시하는 것.

⟨다⟩

제2차 세계대전이 끝난 직후, 혼란에 빠져 있던 오스트리아의 수도 빈에 미국인 마틴스가 도착한다. 학창시절부터 친구였던 해리가 빈에서의 일자리를 제안했기 때문이다. 그러나 해리가 교통사고로 사망하여 이미 무덤에 묻혔다는 이야기를 듣고 다시 미국으로 돌아가려던 마틴스는 해리의 사고와 관련하여 여러 미심쩍은 정황들을 발견한다. 마틴스는 해리가 살아 있으며 물을 탄 불량 페니실린을 대량으로 암거래하여 많은 사람들에게 고통을 주고 생명까지 잃게 만드는 범죄를 저질러왔다는 것을 알게 된다. 마침내 마틴스는 빈 시내에서 해리를 만난다. 두 친구는 놀이기구인 허니문카를 타고 높이 올라가 광장에서 "파리떼처럼" 움직이는 수많은 사람들을 내려다보며 다음과 같은 대화를 나눈다.

마틴스: 자네는 자네로 인해 희생된 사람들을 본 적이 없나?
해 리: 뭐 나라고 이런 일을 편한 마음으로 하겠나? 희생자들이라고?

감상에 젖지 말게.

저 아래를 봐. 저 많은 점들 중 어느 하나가 영원히 움직임을 멈춘다고 해서 자네는 어떤 연민을 느낄 것 같나?

점 하나가 멈출 때마다 내가 자네에게 10,000달러를 준다면…… 친구, 진심으로 대답해 주게. 받을 텐가, 안 받을 텐가? 친구, 그 돈에는 세금도 안 붙네.

논제. 제시문 〈가〉의 주장, 〈나〉의 판결, 〈다〉의 해리의 생각은 인간의 생명에 대한 다양한 인식을 드러낸다. 위 입장들을 비교하여 인간의 생명과 사회적·개인적 이익 간의 가치 비교나 상호 경중의 판단이 가능한지 여부에 대한 자신의 입장을 밝히고 그 이유를 제시하시오. (900자±100자)

먼저 논제를 분석해 보자.

첫째, 〈가〉의 주장, 〈나〉의 판결, 〈다〉의 해리의 생각 파악하기.
특히 〈가〉에서는 결론+전제를, 〈나〉에서는 판결의 정확한 내용을 정리해야 한다.

둘째, 3자 비교. 제시문 세 개 비교하기.
"인간 생명에 대한 인식이 어떤 점에서 다른가?"라는 비교 기준으로 비교를 진행한 뒤 "인간의 생명과 사회적·개인적 이익을 놓고 가치를 비교하거나 상호 경중을 판단할 수 있는가?"라는 쟁점을 도출하자.

셋째, 위의 쟁점(가치 비교, 상호 경중의 판단이 가능한지 여부)에 관해 견해 쓰기.

한쪽 입장을 택해 정당화하고 상대 입장을 반박하자. 예를 들어, '인간 생명의 가치와 기타 사회적·개인적 가치에 대해 상호 경중의 판단을 할 수 있다.' 대 '생명의 가치는 절대적이며 다른 종류의 가치와 비교되어서는 안 된다.' 중 하나를 택할 수 있다.

넷째, 900자 → 단락 세 개 구성하기.

3자 비교, 쟁점에 대한 견해, 반론/재반론 구조로 잡는다. 핵심 비교 기준과 쟁점이 주어졌으므로 3자 비교라 해도 굳이 분량이 늘어날 이유는 없다.

> 단락 1: 비교
>
> 단락 2: 쟁점에 관해 견해 쓰기(한쪽 입장 지지 + 상대 비판)
>
> 단락 3: 반론/재반론(한계점 + 보완)

학생들이 어떤 답안을 썼을까? 정말 많은 학생들이 이 문제를 '낙태 찬반'을 묻는 문제로 이해했다. "생명의 가치는 너무나 소중하다. 낙태는 생명을 죽이는 살인 행위이다. 어떤 이유로도 살인 행위를 허용해서는 안 되므로 낙태를 허용하면 안 된다."라는 답안이 쏟아졌다. 이는 이 논제의 의도를 전혀 이해하지 못했기 때문이다. 이 논제는 낙태 찬반을 따져 보라는 문제가 절대로 아니다. 왜 이런 결과가 나왔을까? 이 문제는 발문도 제시문도 그다지 어렵지 않지만, 이 점이 학생들을 선입견의 함정으로 빠뜨린다. 학생들은 "생명의 가치는 절대적이다."라는 명제를 의심 없이 받아들이고, '낙태 찬반'은 익숙한 논점이다. 그래서 다른 것을 따져 보기도 전에 익숙한 논점에 갇혀 논제의 의도에도 맞지 않고 내용도 식상하기 짝이 없는 답안을 쓰고 만다.

덧붙이자면 학생들은 '생명의 가치'에 관해 무언가 의심거리를 던지는 듯한 논제의 내용을 이해하지 못했다. "이 문제는 답이 애초에 한쪽으로 정해져 있는 거 아니에요?"라며 더 이상 고민을 하지 않았다. 생명의 가치가 중요하지 않을 수 있다는 이야기가 아니다. 물론 생명의 가치는 중요하고 존중되어야 한다. 그렇지만 '왜?', '어떤 방식으로?'를 물어야 한다. 이런 질문과 대답을 통해 단련되지 않은 진리는 허약한 명제에 불과하다. 가령 물에 빠진 아이를 구하러 들어가면 나도 죽고 아이도 죽을 위험이 있다고 하자. 물에 들어가지 않으면 둘 중 하나는(나는) 확실히 산다. '생명의 가치'를 존중하기 위해 우리는 물에 빠진 아이를 내버려두어야 하는가? 우리가 중요시하는 가치들은 일렬로 줄 서 있는 게 아니라 대개 복잡하게 얽혀 있다. 그 가운데 언제 어떤 가치를 우선시해야 하는지 일상적인 사고 훈련이 필요하다. 논술 문제를 대할 때 우리는 언제나 오픈마인드여야 한다.

제시문으로 돌아가자. 〈가〉의 주장은 헌법재판소의 판결이 '옳지 않다'는 것이다. 〈가〉는 "수정란 상태의 배아는 인간으로 인식되거나 인간으로 취급해야 할 '사회적 승인'이 존재하지 않는다."라는 헌재 판결을 반대하고 있다. 즉 수정란 상태의 배아 역시 인간으로 보아야 한다는 주장이다.

그 근거는 첫째, 수정이 이루어진 때부터 생명이 시작되고 둘째, 인간의 생명은 절대적이고 보편적인 가치를 가지며 셋째, 사회적 승인은 인간 이기심의 표현일 뿐 정당한 근거가 없고 넷째, 생명을 파괴하지 않을 다른 대안을 먼저 모색해야 하며 다섯째, 배아의 생명을 부모가 박탈할 권리가 없다 등이다.

〈나〉의 판결 내용은 첫째, '임산부의 생명을 구하기 위한 경우를 제외한 모든 형태의 낙태를 금지하는 텍사스 주의 법률'은 위헌이라는 것, 둘째, 임신 기간에 따라 낙태를 허용할지 금지할지 판단해야 한다는 것이다. 판결에 의하면 임신 3개월간은 낙태를 제약할 수 없고, 3~6개월 사이에는 모성 보호에 입각하여 낙태 규제가 가능하며, 마지막 3개월간은 태아의 생존 가능성과 인간 생명 보호가 주는 이익을 따져 낙태를 금지한다.

이 판결의 근거는 첫째, '생명 보호의 이익 및 임산부 건강 보호의 이익'과 '여성 선택권(낙태 결정권)'의 균형, 둘째, (낙태를 허용하여 얻는) '여성 개인의 이익'과 (낙태를 금지하여 얻는) '사회의 이익'

의 균형을 맞추어야 한다는 것이다.

끝으로 〈다〉의 해리의 생각은 간단명료하게 '나에게 이익이 된다면 인간 생명의 가치를 무시할 수 있다.'로 요약할 수 있다.

비교표를 아래와 같이 만들어 보자. 비교 기준과 핵심 쟁점을 기준으로 정리하면 된다.

	〈가〉	〈나〉	〈다〉
A. **인간 생명에** **대한 인식**	생명의 가치는 절대적이다.	생명의 가치는 상대적이다.	
		생명 가치는 중요하다. 그러나 여성의 선택권 등 다른 가치도 중요하다.	생명 가치는 특별히 중요하지 않다.
B. **생명과 다른** **이익과의 관계**	생명 가치를 다른 이익들과 비교할 수 없다.	생명 가치와 다른 이익들을 비교하여 균형을 맞추어야 한다.	경제적 이익이 있다면 생명 가치를 무시할 수 있다.

3자 비교라 어려워 보이지만, 실제로는 양자 비교와 크게 다르지 않다. 3자 비교를 할 때는 두 가지 방식이 있다.

첫째는 1:2 비교다. 비교 기준 A에 의한 비교처럼, 제시문 두 개를 묶어 나머지 제시문 한 개와 비교한다. 다만 이때는 한데 묶은 제시문 두 개의 논지 사이에도 어떤 차이가 있는지 언급해야 한다. 위의 표에서는 〈가〉 대 〔〈나〉, 〈다〉〕를 비교한 다음 〈나〉 대

〈다〉를 짧게 비교하면 된다.

둘째는 1:1:1 비교다. 비교 기준 B에 의한 비교처럼, 제시문 세 개를 동일선상에 놓고 비교한다. 이 경우는 제시문 두 개는 각각 양쪽 극단에, 나머지 하나는 그 중간쯤에 있는 것으로 설정한다. 위에서는 〈가〉의 '생명은 절대적 가치'라는 주장과 〈다〉의 '생명보다 이익을 앞세울 수 있다.'는 해리의 주장이 양쪽 극단에 놓일 수 있겠고, '경우에 따라 낙태를 허용'하는 〈나〉의 판결은 그 중간쯤에 놓을 수 있다.

〈1:2 비교〉

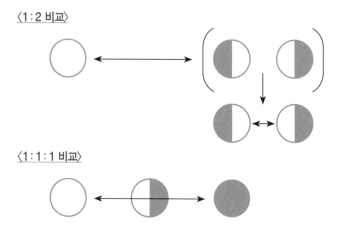

〈1:1:1 비교〉

비교를 통해 우리는 크게 〈가〉 대 〈나〉, 〈다〉의 입장이 인간 생명의 가치를 절대시하는지 상대시하는지에 따라 나뉜다는 것을 보았다. 〈나〉의 판결이 특히 이 논제의 쟁점을 구성하는 데에 중요한 역할을 한다. 〈나〉의 판결의 핵심은 낙태를 허용하여 생명 가치를 저버려도 된다는 내용이 아니라, '태아의 생명권'이 중요한 만큼 '여성의 자기 결정권'도 중요하므로 두 가치 사이에 기준과 균형이 필요하다는 이야기다.(물론 이 판결은 어느 정도 인간의 자의적인 기준을 인정하는 것이지만, 두 가치 가운데 하나를 무시할 수 없는 어려움을 반영한다.)

비교에 이어 쟁점은 〈가〉와 〈나〉 사이에 형성된다.

'생명의 가치는 절대 존중되어야 하며 다른 개인적·사회적 이익과 비교할 수 없다.' 대 '생명의 가치는 중요하지만, 다른 개인적·사회적 이익과 비교하여 균형을 맞추어야 한다.'

출제 의도상 답안 내용은 〈가〉와 〈나〉 가운데 한쪽 입장을 택하는 쪽으로 전개되는 게 맞다. 〈다〉를 지지하는 답안이 불가능한 것은 아니지만 너무 극단적인 주장이어서 의미 있는 답안이 되기 어렵다. 그래도 우리가 쓰려는 답안 안에 〈다〉를 활용하는 방법은 있다. 〈가〉의 입장에서 〈나〉를 비판할 때 근거로 써먹으면 된다. "생명의 가치를 상대적인 것으로 보는 당신들은 〈다〉의 해리와 다를 바 없다."처럼 말이다.

먼저 비교에 관한 단락은 다음과 같이 쓸 수 있다.

제시문 〈가〉, 〈나〉, 〈다〉는 인간의 생명과 사회·개인의 이익의 관계에 대해 서로 다른 입장을 보인다. 〈가〉는 생명의 가치를 절대적으로 보기 때문에 생명을 다른 이익과 비교하는 것이 불가능하다는 입장이다. 반면 〈나〉와 〈다〉는 생명의 가치를 상대적으로 보고 있다. 〈나〉는 생명의 가치가 중요하다는 것을 인정하지만 다른 이익과 비교하여 균형을 맞추어야 한다고 주장한다. 여성의 선택권 등 다른 가치도 중요하기 때문이다. 〈나〉에 비해 〈다〉는 생명의 가치를 특별히 중시하지 않는다. 경제적 이익이 있다면 생명 가치를 무시할 수 있다는 입장이다. (308자) (비교 기준을 한 가지 더 추가할 경우) 사회적 합의에 대해서도 〈가〉는 생명의 가치가 절대적인 만큼 이는 사회적 합의의 대상이 아니라고 한다. 〈다〉는 개인의 이익이 우선이므로 역시 사회적 합의를 거부한다. 그러나 〈나〉는 여러 가치의 균형을 맞추는 데에 사회적 합의가 필요하다고 본다. (입장들을 비교, 475자)

견해 부분에서, 생명 가치는 비교 및 상호 경중의 판단이 불가하다는 〈가〉 입장에서 쓴 예시 답안이다.

인간 생명의 가치는 절대적이며 따라서 생명 보호를 다른 가치와 비교해서 판단할 수는 없다. 〈나〉에서 말하는 개인의 선택권 등도 중요한 가치인 것은 사실이다. 그러나 생명 가치와 동등하게 비교될 수는 없다. 왜냐하면 가치에는 우선순위가 있기 때문이다. 생명이 전제되지 않으면 개인의 기본권이나 자유권도 발생할 수 없으며 사회 공공의 이익이라는 것도 실현될 수 없다. 따라서 생명 가치는 근원적이며 여타의 가치보다 우월하다. 더 나아가 생명 가치를 다른 이익과 비교한다는 말 자체가 논리적으로 성립될 수 없다. 생명의 이익은 생명 그 자체이므로, 다른 가치들처럼 경제적 비용이나 효용 등의 비교 기준을 적용할 수가 없는 것이다.

〈나〉의 입장에서는 다른 가치와 균형을 맞춤으로써 생명 가치를 더 적극적으로 보호할 수 있다고 주장할 수 있다. 가령 배아줄기세포로 불치병 환자를 치료하는 데 성공하면 더 많은 생명을 구할 수 있지 않느냐고 할 수 있다. 그러나 결과적으로 의미가 있다고 해도, 이미 과정에서 생명을 수단화해 버릴 경우 더 큰 부작용을 낳을 수 있다. 의학의 발달로 평균수명이 늘어났는데도 자살 증가 등 반생명 풍조가 더 심해진 것은 시사하는 바가 크다. (자신의 입장을 밝히고 이유를 제시, 594자)

생명 가치는 중요하지만 다른 가치와 비교 및 상호 경중의 판단이 가능하다는 〈나〉 입장에서 쓴 예시 답안이다.

인간 생명의 가치는 중요하다. 그러나 개인의 선택권, 사회적 공익 등 다른 가치들도 중요하며 생명 가치가 무조건 우선이라고 할 수는 없다. 따라서 상황에 따라 생명 가치와 다른 가치의 균형을 맞추어야 한다. 그럴 때 전체 사회의 이익이 증대될 수 있다. 그리고 생명 가치의 절대성을 제한해야만 그것을 보호할 수 있는 상황도 있다. 가령 외세가 침략해 왔을 때 개인이 생명의 위협을 감수하고 싸워야 구성원 전체의 생명과 안전을 지킬 수 있다. 또 배아줄기세포 치료로 수많은 불치병 환자를 살릴 수 있다면 이 역시 생명 가치를 더 크게 증진하는 것이다.

이에 대해 〈가〉에서는 생명을 수단으로 삼을 경우 결과적 효용이 발생한다 해도 그것을 정당화할 수 없다고 할 것이다. 불치병 치료 방법을 발견하더라도 그 과정에서 생명 가치를 경시하는 풍조가 생긴다면 부작용이 더 크다는 것이다. 또 '생명을 지키는 전쟁'이라는 말은 논리적 모순이며 전쟁을 합리화하는 논리에 불과하다고 할 수 있다. 하지만 불완전한 인간이 하나의 가치만 절대화하는 것은 불가능하다. 즉 사회적 상황마다 중요한 가치가 무엇인지 진지하게 고민하는 것이 중요하다. 생명 가치 역시 인간의 오랜 고민과 노력으로 존중받게 된 것이지 선험적으로 주어진 것은 아니다. (626자)

여기서 제시한 답안은 예시일 뿐 유일한 정답이 아니다. 이 답안들을 스스로 첨삭해서 개선 방향을 찾아보라. 한 가지 팁은, 예시 답안의 '형식'을 모방하면서 '내용'을 조금씩 바꾸어 보는 것이다. 입시라는 틀이 있는 한 논술 답안의 형식은 크게 다를 수 없다. 형식은 안정적으로, 내용은 도전적으로 써 본다면 차별화된 답안을 얻을 것이다.

논술 강사의 '아름다운 시절'

논술 학원계를 최초로 평정한 이들은 386세대 운동권이었다. 민주화 운동으로 청춘을 보내고, 나이 들어 취업도 어려워진 386 운동권들이 호구지책으로 강남 학원가에 들어온 게 1990년대 초반이다. 1994년 대입부터 과거의 본고사가 부활하면서 대형 학원에 논술반이 생기고 논술 전문 학원도 늘어났다. 오랫동안 논쟁, 유인물 쓰기, 사회과학 독서로 단련되어 온 386 세대들은 금세 논술계의 '스타'로 떠올랐고 떼돈을 벌었다. 이들은 학원과 논술 교육 업체도 우후죽순 세웠다.

하지만 이때 판을 무리하게 키운 386 강사들 중에 상당수는 2000년대 중반을 지나면서 부진하고 침체했다. 대학이 통합 논술이라는 새로운 흐름으로 옮겨 가면서 기존의 초대형 강의, 배경지식 중심의 논술 강의가 경쟁력을 잃었다. 새로운 논술은 독서에서 얻은 배경지식보다는 분석력과 독해력, 논제 유형에 맞는 방법론을 요구했다. 이런 흐름 속에 치고 나온 젊은 논술 강사들이 강남 학원계를 석권했다. 이 새로운 강사 집단은 강사 한 사람의 입담에 의지하기보다 첨삭 팀을 구성해 학생들을 철저히 관리하는 전략을 택했다. 이 방식은 점차 대형 학원보다 소수 정예를 선호하는 방향으로 돌아선 강남 학부모들과도 잘 맞았다.

내가 논술 학원에 발 디디던 때는 이 젊은 강사들이 무척 잘나

가던 시기였다. 서울 수도권과 지방의 주요 대학이 대부분 논술을 치렀고 또 논술 시험이 몹시 어렵게 출제되던 때라, 평소에도 논술반이 열렸지만 수시 모집 철만 되면 전국에서 몰려온 수강생으로 학원이 미어 터졌다. 내가 지하철을 타고 학원에 가서 첨삭만 열심히 하던 시기에 잘나가는 강사들은 아우디나 도요타 같은 외제차를 몰고 다녔다. 논술 강사가 수입이 괜찮다고 알려지자 막강한 스펙의 소유자들이 학원에 이력서를 냈고 시강(試講. 강의 능력을 시험 삼아 보여 주는 것)을 봤다. 명문대 박사 과정, 고시 합격생, 귀국한 미국 대학 유학생, 전직 신문기자가 우리 앞에서 바짝 얼어 더듬더듬 시강을 했다. 시강에 통과하면 바로 강의를 하는 것이 아니라 나처럼 첨삭부터 시작해야 했는데도 시강 보러 온다는 사람이 끊이지 않았다.

요즘은 논술의 '벨에포크'(La belle époque. 아름다운 시절)는 아니다. 실제로 논술의 비중이 크게 줄진 않았지만 정부가 논술이 사교육을 부추긴다며 축소 의지를 밝히고 있어 학부모와 학생들이 전처럼 적극적이지 않고, 논술 학원이 너무 많아져 경쟁이 심해졌기 때문이다. 예전보다 논술 문제의 난이도가 낮아지면서 학원에 가기보다 인터넷 강의를 보며 혼자 공부하는 학생도 늘었다.

논술이 예전처럼 거품을 일으키는 시기는 아니지만 여전히 논술 공부는 필요하다. 앞서 말했듯이 논술 시험의 비중 자체가 줄지 않았고(오히려 시험을 치르는 대학이 늘었다.) 수능이나 내신의 변별력이 크지 않은 현재의 입시 제도에서 논술 시험이 당장 사라지는 것은 불가능하다. 그리고 논술 공부를 제대로 한다면 비판적 사고와 논리적 표현력을 습득하는 데에 큰 도움이 된다. 대학에서 공부하는 데에, 또 우리가 한 사람의 교양 시민으로 살아가며 타인과 소통하는 데에 논술 능력은 중요한 도구다.

3부

마무리

논술의 강자,
하산하라

10장

나무보다 숲이 먼저다
자 료 분 석

지금까지 우샤인 볼트가 100미터 단거리 뛰듯 '논술 트랙'을 달려 왔다. 이 장에서는 땀 좀 닦고, 숨도 좀 고르고, 앞에서 설명이 부족했던 부분을 보충 설명하려 한다.

앞서 7장 설명 유형에서 자료 분석을 잠깐 다루었다. 하지만 학생들이 몹시 어려워하는 유형이기에 이 장에서 좀 더 보충하고자 한다. 학생들은 그림, 도표, 그래프, 실험 등 비활자 자료가 등장하면 일단 긴장을 한다. 자료만 나오면 읽는 법도 잘 모르겠고 답안으로 무엇을 어떻게 써야 할지도 모르겠다고 호소한다.

그렇다면 먼저 자료 분석 문제에서 자주 나오는 발문부터 살펴보자.

- 〈가〉의 내용을 참고하여 〈나〉의 그래프를 분석하시오.

- 〈A〉의 표와 그림을 해석하고, 이를 바탕으로 〈B〉의 주장을 비판하시오.
- 〈ㄱ〉의 입장을 활용하여 〈ㄴ〉의 자료를 해설하시오.
- 〈가〉와 〈나〉 가운데 한 입장을 선택해 〈다〉의 도표의 의미를 설명하시오.

자료를 읽는 방법은 앞에서도 언급했다. 그러나 거리의 음악가가 세계적으로 유명한 대연주자에게 "어떻게 하면 카네기 홀에 설 수 있습니까?"라고 묻자 대연주자가 "비결은 간단합니다. 연습, 연습, 또 연습입니다."라고 답한 일화를 떠올리자. 논술 공부도 연습, 반복 연습만이 실력 향상의 왕도다.

자료 분석의 핵심

자료 분석 방법

- 전체 추세를 볼 것. 그러고 나서 부분적 특징을 살필 것.
- 여러 자료가 나오면 각각을 보고 그것들을 종합하여 이해할 것.
- 제목, 항목, 수치, 조건, 각주 등을 꼼꼼히 볼 것.
- 현상을 분석할 것. 그리고 의미를 해석할 것.

나무보다 숲을 봐야 한다. 자료의 전반적인 경향을 읽어야 하고,

거기에 더해 부분적으로 특이한 지점도 설명해 내면 고득점을 할 수 있다. 표나 그래프가 여러 개 나왔을 때는 출제자가 그 자료들을 의미 없이 여러 개 냈을 리가 없다. 자료 하나하나의 의미와 더불어 자료들 전체의 종합적인 의미를 찾아내야 한다. 꼼꼼히 보라는 말은 너무나 당연한데도 그러지 않아서 중요한 부분을 놓치는 학생들이 많다. 가령 '인구 그래프'와 '인구 증가율 그래프'는 전혀 다르다. 한국의 인구 증가율은 예전에 5퍼센트였다가 3퍼센트, 2퍼센트, 1퍼센트, 0.5퍼센트 이렇게 줄어들면서 왼쪽이 높고 오른쪽이 낮은 그래프를 그린다. 어떤 학생들은 이 그래프를 보고 실제 인구가 감소하고 있다고 생각한다. 하지만 인구 증가율이 음(-)이 아닌 이상 인구는 적게라도 꾸준히 늘어난다. 인구 그래프를 그리면 왼쪽이 낮고 오른쪽이 높으면서 점점 수평이 될 것이다. 그래프 제목을 제대로 보지 않으면 실수를 할 수 있다.

도표와 그래프를 분석할 때는 '현상 분석'에서 '의미 해석' 순서로 진행해야 한다. 예컨대 지난 10년간 서울 상공의 UFO 출몰 추세를 보여 주는 그래프가 있다고 하자. 먼저 "10년간 UFO 출몰 횟수가 50퍼센트 증가했고 최근 2년간은 80퍼센트 가까이 증가했다."고 자료의 사실 관계를 설명해야 한다. 이것이 현상 분석이다.

그다음에 "UFO가 점점 많이 나타나는 이유는 외계인의 지구 정찰 횟수가 늘었다는 것이고, 그 말은 지구와 외계인 간에 전쟁이 곧 터질 수 있음을 의미한다."라고 사실 관계 배후에 있는 원인이나 이 사실이 현재에 갖는 의미를 추론하여 말해야 한다. 문제의 발문이 '분석하라', '해설하라', '해석하라', 무엇이든 상관없다. 먼저 사실을 밝히고 그다음에 원인이나 의미를 말해야 한다. 이 순서가 뒤죽박죽되면 자료를 제대로 설명하기도 전에 섣불리 평가부터 하는 체계 없는 답안이 된다.

자료 분석 연습하기

| 건국대학교 2008학년도 수시 논술 |

이슬람 문화는 그 고유한 특성으로 인하여 사회의 민주적 발전에 걸림돌이 되고 있다.

〈표1〉 이슬람권 나라 중 민주화가 양호한 나라

아랍권	비아랍권
16개국 중 1개국(6%)	31개국 중 12개국(39%)

〈표2〉 1인당 GDP 1,500달러 미만(1996년 기준)의 나라 중 민주화가 양호한 나라

이슬람권		비이슬람권	
16개국 중 5개국(31%)		22개국 중 7개국(32%)	
아랍권	비아랍권	기독교 국가	기타
1개국 중 0개국 (0%)	15개국 중 5개국 (33%)	10개국 중 3개국 (30%)	12개국 중 4개국 (33%)

각주 : 〈표1〉은 47개 이슬람권 나라를 대상으로 삼아 민주화가 양호한 나라의 비율을 계산한 것이고, 〈표 2〉는 이슬람권뿐만 아니라

비이슬람권까지 포함시키되, 전체적으로는 소득 수준이 1인당 GDP 1,500달러 미만인 나라로 분석 대상을 한정시켜 각 그룹별로 민주화가 양호한 나라의 비율을 구한 것이다. (자료 : Journal of Democracy, 2003)

논제. 위의 두 표를 분석하고 주장의 타당성 여부를 검증하시오. (500자)

먼저 검증해야 할 주장을 살펴보자. "이슬람 문화는 그 고유한 특성으로 인하여 사회의 민주적 발전에 걸림돌이 되고 있다."

많은 학생들이 이 주장을 '이슬람권 국가는 비민주적인 국가'라든가 '이슬람권에는 비민주적인 국가가 많다.'는 주장으로 혼동한다. 그것은 논제를 정확하게 분석하지 않고 '이슬람=테러, 독재' 같은 선입견에 이끌렸기 때문이다. 이 주장은 이렇게 풀어 쓸 수 있다. '만약 이슬람권 국가가 비민주적일 때, 그렇게 된 이유는 '이슬람 문화' 때문이다. 이슬람 문화가 민주주의를 가로막기 때문이다.' 이제 우리가 검증해야 할 것은 정말로 이슬람 문화가 민주주의를 가로막는지, 아니면 민주주의를 가로막는 다른 요인이 있는지다. 두 개의 표는 아마도 주장을 평가할 근거를 제공해 줄 것이다.

〈표 1〉부터 분석하자.

같은 이슬람권이어도 아랍권과 비아랍권에 따라 민주화 정도가 달라진다는 것을 알 수 있다. 아랍권은 민주화된 국가가 6퍼센트이지만 비아랍권은 39퍼센트다. 자료를 꼼꼼히 보지 않은 학생은 평소 아랍과 이슬람을 동일시하는 선입견대로 '이슬람은 민주화가 6퍼센트밖에 안 되는구나.'라고 생각한다. 하지만 아랍은 이슬람 전체를 가리키는 말이 아니라 주로 중동 지역을 가리키는 말이다. 이슬람 문화는 중동 지역만이 아니라 전 세계에 퍼져 있다. 나라 안에서 이슬람교 신자의 비율이 가장 높은 곳은 인도네시아다. 따라서 이 표는 같은 이슬람권이라도 아랍 지역은 민주화 정도가 낮고 다른 지역은 상대적으로 높다는 것을 보여 준다. 이 표는 지역 또는 환경이라는 변수가 민주화 정도에 차이를 가져온다는 것을 알려 준다.

다음으로 〈표 2〉로 가자.

〈표 2〉에서 하나의 변수가 추가되었다. 무엇인가? '소득 수준'이다. 저소득 국가를 분석해 보니 희한하게도 이슬람권과 비이슬람권의 민주화 정도에 차이가 거의 없다. 이슬람권은 31퍼센트, 비이슬람권은 32퍼센트다. 1퍼센트는 오차 범위 이내로 별 의미가 없다. 소득이 민주화 정도에 강력한 영향을 가하는 것으로 보인다. 꼼꼼하게 살피면 비이슬람권 내에서 기독교 국가와 비기독교 국가와의 민주화 정도도 차이가 없다는 것을 알 수 있다. 한편 저소득 국가 중에서도 아랍권과 비아랍권의 차이는 여전히 존재한다.

두 표를 종합해 볼 때 '전체적 추세'는 종교나 문화보다 소득 수준이 민주화의 주된 변수로 작용한다는 점이다. '세부적 특징'으로 지역 요인도 여전히 주요 변수라는 것을 알 수 있다.

결론적으로 "이슬람 문화가 민주화를 가로막는 특성이 있다."는 주장은 타당하지 않다. 민주화에 영향을 주는 변수는 종교나 문화보다 첫째로 소득이고 둘째로 지역 및 환경이다. 만약 다른 변수를 추가하여 조사한다면 또 다른 결과가 나올 수 있지만 주어진 자료만으로는 그러하다. 그러므로 위의 주장은 근거 없는 편견이며 서구 우월주의, 자문화 중심주의적 시각에 불과하다.

학생이 쓴 답안을 먼저 살펴보자.

이슬람 문화가 그 고유의 특성 때문에 민주화가 이뤄지지 못하고 있다는 주장은 타당하지 않다.

우선 〈표 2〉를 보면 이슬람권과 비이슬람권에서 민주화가 양호한 국가의 비율 차이가 거의 없는 것을 알 수 있다. 따라서 이슬람 문화가 민주적 발전을 방해하는 요소가 될 수는 없다. 이슬람권이든 비이슬람권이든 1인당 GDP가 1500달러 이하인 나라들에서는 민주화 비율이 31~32퍼센트 정도인 것을 보면 문화적 요인보다는 경제적 요인이 더 크게 작용하는 것으로 보인다.

위의 주장은 문화진화론에 입각한 왜곡된 시선으로 보이며 그보다는 이슬람권 문화 고유의 가치와 그 나름의 의미를 인정해야 한다. 또한 받아들이는 사회에 따라 그 문화의 가치관과 규범이 달라진다는 의미의 상대론적 윤리설과 같은 입장으로 민주주의 역시 사회마다 받아들이는 방식이 다른 것 또한 인정해 주어야 한다. (430자)

이 학생은 첫 문장에서 알 수 있듯 논지를 잘 잡아 명확하게 밝혔다. 경제적 요인이 종교 문화적 요인보다 민주화에 더 강하게 영향을 미친다는 것을 분명히 했다. 하지만 〈표 1〉을 언급조차 하지 않았는데 이는 자료를 충분히 활용하지 않은 것으로 감점을 받을 수 있다. 〈표 2〉에서 비이슬람권의 기독교 국가와 비기독교 국가의 비교 결과도 논거로 활용했으면 좋았을 것이다. 전체적으로 자료 분석이 양적으로 부족해 보인다. 두 번째 단락에서 "이슬람권 문화 고유의 가치를 인정하자."는 주장은 논제의 요구와는 관련이 없다. 논제는 이슬람 문화를 비하하는 주장이 타당한지 따지라고 했는데, 그 주장이 옳지 않다고 하여 이슬람 문화를 반대로 적극적으로 인정해야 할 필요는 없다. 반칙하는 팀을 비판하는 것과 그 상대 팀을 응원하는 것은 전혀 다른 맥락이다.

아래는 예시 답안이다. 대답의 핵심부터 두괄식으로 던지고 이어서 근거를 설명한다.

표에 따르면 '이슬람 문화가 민주화를 가로막는 특성이 있다.'는 주장은 타당하지 않다. 우선 〈표 1〉에서 볼 수 있듯이 동일한 이슬람권이라 하더라도 민주화 양호 정도를 보면 아랍권은 6퍼센트, 비아랍권은 39퍼센트로 큰 차이가 있다. 즉 이슬람권이라고 해서 모두 동질적이지 않으며 민주주의 발전에는 지역 환경 등 다른 요인이 작동하고 있음을 시사한다. 〈표 2〉에서 저소득 국가만을 분석할 경우에 이슬람권과 비이슬람권의 민주화 정도는 거의 차이가 없으며, 이슬람과 대립적이라고 여겨지는 기독교 국가는 이슬람권에 비해 민주화 정도가 도리어 다소 낮게 나타난다. 이는 민주화 정도를 결정하는 요인이 종교 문화보다는 소득 수준임을 의미한다. 더욱이 〈표 2〉에서조차 아랍권과 비아랍권의 차이가 뚜렷한 것은 지역적 요인도 민주화에 영향을 미치는 것으로 해석할 수 있다. 따라서 이슬람 문화가 민주주의를 저해한다는 주장은 근거가 없으며 서구 우월주의와 자문화 중심주의의 시각에서 기인한 것에 불과하다. (499자)

고난이도 문제 연습하기

이번에는 조금 더 복잡한 자료 분석 문제를 보자.

| 서울시립대학교 2012학년도 모의 논술(인문계) |

〈라〉

우리나라 사람들은 소나무를 좋아한다. 소나무 향과 솔잎을 스치는 바람 소리는 우리의 마음을 사로잡는다. 그런데 소나무 숲 속의 모습은 매우 특이하다. 다른 숲에는 온갖 잔풀과 크고 작은 나무들이 함께 어울려 자라지만, 소나무 아래엔 풀이 자라지 않는다. 솔잎이 카펫처럼 깔려 있을 뿐이다. 바늘 같은 솔잎이 촘촘하게 땅을 뒤덮어, 공기와 햇빛이 통하지 못하게 한다. 그런 곳에서는 잔풀이 자

랄 수 없고, 어떤 나무도 새싹을 틔울 수 없다. 경쟁자의 등장을 원천적으로 가로막는 소나무의 용의주도함에서는 약육강식(弱肉强食)의 잔인함마저 느껴진다.

이런 소나무의 모습은 우리나라 대기업과 중소기업의 생태계를 생각하게 한다. 물론 대기업들은 우리 경제의 기둥이요 자부심이다. 경제 위기도 가뿐하게 넘기고, 명실상부한 글로벌 기업으로서 세계 시장을 주름잡고 있다. 하지만 대기업과 중소기업의 생태계는 소나무 숲 속과 너무도 닮았다. 협력사들이 고사(枯死) 직전까지 내몰리더라도 대기업들은 기술을 가로채거나 납품단가를 후려치면서까지 자기 이익을 올리는 데에 거리낌이 없다. 이는 대지가 공급하는 영양소와 햇빛과 공기를 다른 나무들과 나누지 않고 모조리 독차지하는 소나무의 생존 방식과 결코 다르지 않다.

경제학에는 누구든지 자기이익을 극대화하면 보이지 않는 손에 의해 사회 전체의 후생(厚生) 또한 극대화된다는 원리가 있다. 그래서인가 대기업들은 "하도급 기업에 너무하는 것 아니냐"는 비판에 이런 경제학 원리를 원용해 "우리는 단지 이윤 극대화라는 시장경제의 원리를 따를 뿐인데 뭐가 잘못되었느냐"는 식으로 대응한다. 하지만 이런 태도는 경제학의 일부 입장만을 내세우는 것이다. 경제학은 결코 자기 몫만 악착같이 챙기는 행위를 선(善)이라고 가르치지는 않는다.

다른 나무가 싹을 틔우지 못하도록 바늘 같은 솔잎을 촘촘히 떨어뜨리는 것은 '공정(公正)'이라는 사회정의에도 맞지 않는다. 그것은 기회를 독차지하려는 것일 뿐, 결코 공정한 경쟁이 아니다. 성장의 기회를 제대로 주지 않은 상태에서의 경쟁이 어찌 공정한 것이 될 수 있겠는가? 우리 헌법 전문에는 "각인(各人)의 기회를 균등히 해야 한다"라고 명시되어 있다. 따라서 우리는 성장의 기회를 원천적으로 가로막는 요인이 있다면 그 요인을 하나하나 없애 나가야만 한다.

대기업과 중소기업의 동반 성장이라는 목표는 중소기업에도 성장의 기회를 고르게 나누어 주자는 것이다. 초과이익공유제는 이 목표를 달성하기 위한 하나의 방법이다. 즉 하도급기업의 생산성 향상과 고용안정을 위해 대기업의 자율적인 투자나 기부를 유도하고, 여기에 호응하는 대기업에는 혜택이 돌아가도록 하려는 것이다. 이는 기업들이 수익의 일부를 공익적인 일에 기부할 때 기업들에게 세제상 혜택을 주는 것과도 별반 다르지 않다.

시장이란 원래 불완전하다. 초과이익공유제는 사회공동체를 유지하기 위해 불완전한 시장의 실패를 보완해보자는 것이다. 그것은 결코 대기업의 이익을 강제로 빼앗겠다는 것이 아니다. 그러므로 우리 대기업들도 눈앞의 자기 이익만을 지키려 하지 말고 우리 경제 전체를 바라보는 넓은 시야와 너그러운 마음을 가져야 할 것이다. 우리는 소나무 껍질만이 있는 단조로운 숲이 아니라, 열매도 딸 수 있고 버섯과 약초도 얻을 수 있는 다양한 숲을 원한다.

〈마〉

〈도표 1〉 학생 1인당 월평균 사교육비

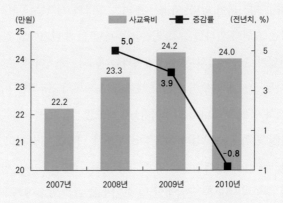

〈도표 2〉 학생의 사교육 참여율

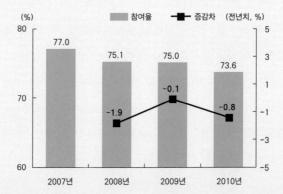

〈도표 3〉 가구의 소득 수준별 학생 1인당 월평균 사교육비 및 학생의 사교육 참여율

가구의 월평균 소득 (만원)	학생 1인당 월평균 사교육비 (만원, %)			학생의 사교육 참여율 (%, %p)		
	2009년	2010년	증감률	2009년	2010년	증감차
100~200 미만	11.0	10.3	-6.4	55.1	50.7	-4.4
200~300 미만	18.0	17.0	-5.6	72.9	69.8	-3.1
300~400 미만	24.6	24.0	-2.4	82.6	79.8	-2.8
400~500 미만	31.0	29.8	-3.9	86.5	84.5	-2.0
500~600 미만	37.2	36.2	-2.7	88.9	87.1	-1.8
600~700 미만	42.0	40.4	-3.8	90.1	89.6	-0.5

논제. 〈마〉의 〈도표 1〉과 〈도표 2〉는 2007년부터 2010년까지 학생 1인당 월평균 사교육비와 학생의 사교육 참여율을 나타낸 것이고, 〈도표 3〉은 2009년과 2010년의 학생 1인당 월평균 사교육비와 학생의 사교육 참여율을 가구의 월평균 소득 수준별로 나타낸 것이다. 이 도표들에서 2010년에 나타나는 변화가 어떤 의미를 지니는지를 〈라〉의 밑줄 친 부분과 관련시켜 논하시오. (500자)

자료 간의 관계 및 전체 자료의 종합적인 이해가 중요한 문제다. 우선 〈도표 1〉과 〈도표 2〉는 논제에서도 세트로 제시되었으니 각각을 분석하고 다시 종합해 보자. 그다음 〈도표 3〉을 분석하고 도표 1~3 전체의 의미를 찾자.

- 〈도표 1〉 학생 1인당 월평균 사교육비: 2009년까지 증가하다가 2010년에 처음으로 약한 감소 추세를 보이고 있다.
- 〈도표 2〉 학생의 사교육 참여율: 2007년 이후로 약한 감소 추세가 지속되고 있다.
- 도표 1과 2 종합: 사교육은 전반적으로 감소 추세다. 단, 사교육 참여율이 떨어지는 데에 비해 상대적으로 사교육비의 감소 경향은 약하다.
- 〈도표 3〉: 2009~2010년 사이 학생 1인당 월평균 사교육비, 사교육 참여율은 모두 감소했다. 이게 전체 추세라면, 월평균 소득 상위권보다 하위권의 사교육 감소율이 더욱 크다는 특징이 나타난다. 한마디로 부잣집도 가난한 집도 사교육을 줄이고 있지만 부잣집은 아직까지 상대적으로 가난한 집보다 사교육을 더 많이 받고 있다.

제시문 〈라〉가 쓸데없이 긴 편인데, 원래는 이 제시문을 활용해서 풀어야 하는 논제가 하나 더 있다. 제시문 〈라〉에서는 '기회를 공정하게 제공해야 한다.' 정도의 논지를 뽑아내면 된다. 이 주장을 적용해 도표 1~3의 현상을 설명해 보자. 일단은 전체적으로 사교육이 감소하고 있어 기회의 공정성 측면에서 고무적으로 변화하는 추세이다. 그러나 저소득층일수록 경제적 여건 때문에 비자발적으로 사교육을 줄이는 것으로 보인다. 그렇다면 사교육 감소라는 긍정적 변화 속에서도 저소득층의 더 빠른 사교육 감소로 인

해 불평등이 존속될 것이다. 이런 식이라면 '기회 확대'의 의미가
사라진다.

〈도표 1〉과 〈도표 2〉를 보면, 1인당 사교육비는 2009년부터 약한
감소세를 나타내고 사교육 참여율은 2007년 이후 꾸준한 감소세를
나타낸다. 즉 사교육의 전반적 감소 속에 사교육비보다 상대적으로
사교육 참여율의 감소세가 더 강한 것이다. 〈도표 3〉은 사교육이 모
든 소득 구간에서 감소하는 추세이지만 역시 소득 하위층에서 더 빠
르게 감소하고 있음을 나타낸다. 세 도표를 종합해서 2010년의 변화
를 보면, 사교육의 탈피가 전 사회적 흐름인 것은 사실이나, 사교육
비의 변화는 별로 없음으로 인해 저소득층에서 비자발적으로 사교
육을 줄이고 있다고 해석할 수 있다. 이를 〈가〉와 관련지으면, 사교
육의 감소로 인해 사회에 공정한 기회가 보장되어 가는 추세이긴 하
나 저소득층의 교육 기회는 도리어 제한될 가능성이 있다고 하겠다.
이는 사교육 감소로 인한 공정성 확대를 상쇄할 수 있으므로, 교육
기회를 제한하는 요인은 개선이 필요하다. (467자)

자료 분석에 대해 감이 좀 잡히는지?

이 답안은 짧은 분량 안에 짜임새 있게 '현상 분석'→'의미 해
석'→'문제점에 대한 대책 제시'까지 다 들어가 있다. 활자 제시문
을 독해할 때와 마찬가지로 시간이 충분하고 답안 분량에 제한이

없으면 얼마든지 더 많은 요소를 자료에서 찾아낼 수 있다. 하지만 우리는 제한된 시간과 한정된 분량 안에 답을 써야 한다. 그러므로 자료 분석 문제를 풀 때도 출제자의 의도를 곰곰이 생각하여 자료에서 가장 핵심적으로 뽑아낼 요소가 무엇인지 알아내고 그 나머지는 버릴 수 있어야 한다.

11장

짧게 간결하게 분명하게
문 장 쓰 기

좋은 글이란 어떤 글일까? 시, 소설, 문학적 산문에서 좋은 글이 논술에서도 좋은 글은 아니다. 논술은 '문제 해결을 위한 글쓰기'이므로 문제를 잘 해결한 글이 좋은 글이다. "죽느냐 사느냐, 그것이 문제로다." 같은 명대사는 『햄릿』에 등장했기에 고귀한 선택의 고뇌를 표상하는 명대사가 되었지, 논술에 그렇게 썼다면 낙방의 수모를 면치 못했을 것이다. 논술에서는 문제를 그대로 남겨놓아서는 안 된다. 어느 쪽이든 답을 정해야 하고 명확하게 자기의 논지를 펼쳐야 한다. 게다가 분량도 시간도 엄격하게 제한되어 있다.

한마디로 논술에서 좋은 글은 간결하고 명료한 문장으로 짜임새 있게 구성되었으며, 주어진 질문에 대한 대답이 분명한 글이다. 이 책의 마지막 장에서는 좋은 논술문을 위한 문장 쓰기를 익히고, 학생들의 답안을 첨삭한 실제 사례를 보면서 그동안 해 온 공부를 복습해 보자.

문장 쓰기의 7계명

첫째, 투박해도 좋으니 문장은 짧게 쓰라.

목적어, 서술어 외에는 가능한 한 쓰지 않는 게 좋다. 따라서 겹문장이나 이어진 문장은 가급적 피하라. "~하고 ~하지만 ~한"으로 뱀 꼬리 물기 하듯 문장을 늘이지 마라. "~이다. 그리고 …", "~하다. 그러나 …"처럼 단문으로 쓰고 접속어로 연결하라.

둘째, 주어 앞에 수식어를 길게 늘이지 마라.

"문화의 개념은 정신과 교양의 축적이라는 좁은 의미만이 아니라는 제시문 〈가〉는 …."처럼 쓰지 말고 "〈가〉는 문화의 개념을 정신과 교양의 축적이라는 좁은 의미로만 보지 않는다. 이 입장에서는 …."처럼 쓰라.

셋째, 주어와 서술어는 '베스트 프렌드'니 가까이 붙여 쓰라.

A. "제시문에서 말하듯이 오늘날 결혼 문화는 비용이 너무 많이 들고 형식을 지나치게 중시하여 집안과 집안의 갈등을 초래하는 등 문제를 많이 일으키므로 바뀌어야 한다."

B. "결혼 문화는 바뀌어야 한다. 첫째, 비용이 너무 많이 들고 둘

째, 형식을 지나치게 중시하여 집안 간에 갈등을 일으키기 때문이
다."

A보다 B가 훨씬 의미가 명확하고 잘 전달된다.

넷째, 모호한 표현과 추상적인 표현을 피하라.

가령 "결혼 문화는 어느 정도 부작용이 있더라도 유지해야 한
다."에서 '어느 정도'는 모호한 표현이다. 그 부작용이 그냥 약간
불편한 정도인지, 집안이 거덜 날 만큼 빚을 진다는 것인지 확실
치 않다. 만약 어떤 경우에도 현행 결혼 문화를 유지하자고 쓸 생
각이라면 차라리 이렇게 명확하게 쓰라. "결혼 문화는 비용이 많
이 든다는 부작용이 있더라도 유지해야 한다."

한편 모호하지는 않아도 추상적인 표현이 있다. 예를 들어 "리
더는 팀의 소통을 위해 열심히 노력해야 한다."가 그러하다. '열심
히', '적절히', '최선을 다해' 같은 상투적인 표현을 피하고 구체적
으로 어떻게 하겠다는 것인지 밝혀라. "리더는 팀의 소통을 위해
노력해야 한다. 그러려면 우선 경청하는 자세가 필요하다."

다섯째, 한쪽 입장을 택할 때는 어중간한 표현을 쓰지 마라.

"〈가〉는 많은 문제가 있지만 그럼에도 불구하고 장점도 많다."
적당히 간 보는 듯한 문장은 좋지 않다. 명확하게 한쪽을 택하라.
"〈가〉의 입장이 바람직하다.""나는 〈가〉를 지지한다."

여섯째, 문장에 불필요한 가치 판단을 넣지 마라.

특히 비교나 설명 유형처럼 객관적인 사실 관계를 밝혀야 할 때는 더욱 그렇다. 가령 '국가에 의한 시장 개입'이 논점이라고 하자. "제시문 〈가〉는 국가가 시장에 개입하는 것을 반대한다."라고 써야 할 문장을 "제시문 〈가〉는 국가가 시장에 과도하게 개입하는 것을 반대한다."라고 쓴다면 전혀 다른 내용이 된다. 전자는 시장 개입을 원칙적으로 반대하는 것이고, 후자는 시장 개입에는 반대하지 않으나 그것이 과도할 경우에만 반대한다는 것이다. 불필요한 가치관을 넣어 문장을 쓰다가는 제시문의 논지가 왜곡될 수 있다.

일곱째, 단락의 첫 문장에서 논제에 답하라.

우리가 공부한 대로 각 단락은 논제를 소논제로 나눴을 때 각각의 소논제에 대한 대답이 된다. 즉 각 단락은 논제에 대한 대답이므로 첫 문장에 핵심 논지 또는 결론을 담는 게 좋다. 논제에서 제시문 두 개를 비교할 것을 요구했다면 첫 문장에서 가장 핵심적인 비교 지점을 보여 주어야 한다. 두 입장 가운데 어느 한 입장을 택해 견해를 쓰라고 했다면 첫 문장에서 자기가 어느 입장인지 딱 부러지게 밝혀야 한다. 자료 분석에 해당하는 단락은 첫 문장에서 자료의 전체적 추세를 써야 한다.

첨삭의 실제

앞서 9장의 견해 쓰기 유형에서 우리는 "인간 생명의 가치와 개인적·사회적 가치 사이에 비교 및 상호 경중의 판단이 가능한가?"라는 논제를 다루어 보았다. 학생들이 쓴 답안 가운데 상위권 답안과 중위권 답안, 많은 노력이 필요한 답안을 골랐다. 세 학생 모두 "상호 경중의 판단은 가능하지 않다."고 답했는데, 좀 더 도전적인 논지를 선택한 학생이 없는 것은 아쉽다.

답안 A. 최상위권 답안(괄호 안의 문장은 첨삭자의 것이다.)

인간의 생명과 사회적 개인적 이익의 가치 비교나 상호 경중의 판단은 불가능하다. 인간의 생명은 다른 어떤 가치보다 우선시되어야 한다.(두괄식으로 논지를 제시한 좋은 대목이다.) 인간을 수단으로 대하는 것은 어떤 누구에게도 주어지지 않은 권리이다. 그렇게 한다는 것은 곧 자신 또한 누군가의 수단으로 여기는 것과 같은데 이를 알고도 그 사실에 동의할 수 있는 사람은 그리 많지 않을 것이다.(인간이 수단화될 경우의 귀결을 지적했다. 참신한 논거이다.)

누군가 공리주의 입장에서 소수의 희생이 다수에게 행복을 준다면 몇몇 인간이 수단으로 여겨지는 것이 바람직하다고 주장할 수 있다.(예상되는 반론과 그에 대한 자신의 재반론으로 자기 논리의 한계점을 검토하고 있다.) 하지만 그 소수의 희생이 다수에게 행복과 함께 죄책감을 불러일으킬 만한 조건이 될 수도 있다. 그것이 진정한 만족감으로 느껴지는 사람은 극히 소수일 것이다.(상식적으로 수용할 수 있는 근거이므로 문제 없다.) 따라서 인간의 생명을 사회적 개인적 이익 간의 가치 비교나 상호 경중의 판단의 잣대로 생각하는 것은 바람직하지 못하다.

이 학생은 사고가 매우 논리적이고 표현력도 뛰어나다. 참신한 논거 활용, 문장의 간결함, 짜임새 있는 구조 모두 수준급이다. 주장의 한계를 찾아 보완하는 시도 역시 수준 높다. 하지만 상대방의 입장은 "인간을 도구화하는 것"에 찬성하는 것이 아니라 여러 가치 간에 상대적 균형과 상호 경중의 판단이 가능하다는 것이다. 쟁점을 좀 더 첨예하게 설정했다면 더 멋진 글이 되었을 것이다.

답안 B. 중위권 답안

인간의 생명과 개인적, 사회적 이익 간의 가치 비교나 상호 경중의 판단은 가능하지 않다.(두괄식 구성으로 논지가 잘 드러난다.) 왜냐하면 첫째, 인간의 존엄성은 개인적 이익이나 다른 가치와 비교될 수 없는 헌법상의 기본권이기 때문이다. 〈나〉에서는 헌법상의 또 다른 기본권 중 하나인 '사생활권'에 의해 인간 존엄성을 판단할 수 있다고 한다. 하지만 '사생활권'을 보장한다는 이유로 인간 존엄성을 파괴할 수는 없다.(위에서 인간 존엄성의 근거를 '헌법상 기본권'에서 찾았는데, 역시 헌법상 기본권인 사생활권을 비판한다는 것은 모순이다. 존엄성의 근거를 헌법보다 상위의 무엇으로부터 가져와야 이 비판이 가능하다.) 임산부들이 태아에 대한 책임을 회피하는 것 같은 부정적인 효과를 불러올 수 있기 때문이다.(〈나〉의 낙태 행위를 '태아에 대한 무책임'이라고 규정하려면 별도의 입증이 필요하다. 왜냐면 〈나〉에서 '여성의 자기 선택권'을 근거로 들어 맞서고 있기 때문이다.)

둘째, 개인적, 사회적 이익을 기준으로 판단하면 인간의 존엄성 파괴가 정당화될 수 있기 때문이다. 이는 〈다〉의 해리 같은 생각으로 이어질 수 있다. 개인의 이익을 기준으로 보자면 인간 생명을 빼앗는 행위도 정당화되지 않으리란 보장이 없기 때문이다.(상대방 입장이 가진 귀결의 문제점을 잘 지적했다.)

이 학생의 장점은 답안에 힘이 넘친다는 것이다. 주장이 명확하고 논거도 적극적으로 여럿 찾아냈다. 그러나 문제의 쟁점을 명확하게 설정하지 못해 논의가 긴장감을 잃었다. 제시문 〈나〉의 입장은 "인간 존엄성은 파괴되어도 된다."가 아니라 "가치 간의 비교와 경중 판단이 가능하다."이다. '인간 생명의 가치'에 대해 상대적 시각이 있을 수 있다는 것을 인정하고 상대방의 입장에 역지사지해 보았다면 더 치밀하게 비판할 수 있었을 것이다.

답안 C. 노력이 많이 필요한 답안

이러한 제시문을 토대로 한 나의 입장은 제시문 〈가〉와 같다.(쟁점에 대한 대답이 아니다. "인간 생명 가치와 다른 가치 간의 비교나 경중 판단이 가능한가?"라는 질문에 대답해야 한다.) 아무 죄도 없는(불필요한 가치 판단이다.) 배아들을 단지 치료 목적으로 파괴하는 것은 말도 안 되는 일이다. 예를 들어, 실험용 쥐가 이와 같은 경우이다.(논제의 요구에서도 벗어났고 '인간 생명'과 '쥐'를 같은 논의 대상으로 삼는 것은 설득력이 약하다.) 약품 등을 직접 인간에게 사용하기 전에 시험을 해 보기 위해 실험용 쥐를 사용해서 쥐가 생명을 잃게 되는 경우가 많은데 아무도 이 생명을 중요시하지 않는다. 이것은 제시문 〈다〉와 비슷한 현상인데 인간이나 쥐가 많다고 해도 그 생명 하나하나를 다 중요하게 여겨야 하는데 그냥 단순히 점 하나로 생각하고 점은 많으니까 이거 하나쯤 없어도 괜찮겠지라는 생각을 하면 안 된다.(문장이 너무 길다. 의미 전달이 원활하지 않다.) 생명은 하나하나가 귀중한 것이기 때문이다.(애초의 전제를 재확인하는 데 그쳤다.)

이 학생은 아직 논제를 분석하는 방법, 답안 구조를 짜는 법 등을 모르고 있다. 그래서 제시문 〈가〉를 읽고 논제를 '생명의 소중함'에 대한 찬반 논의로 섣불리 규정했다. 또 논제가 요구하는 것과 무관하게 '생명의 가치는 모두 소중하다.'는 평소의 자기 생각을 반복하면서 별로 연관 없는 사례를 기계적으로 가져왔다. 논제가 요구하는 것과 그에 따른 쟁점을 다루지 않아 좋은 평가를 받기 힘들다. 논술 쓰기의 기초부터 차근차근 밟아 나가는 노력이 필요하다.

책을 마무리하며

이제 책을 마무리할 때다.

이 책에서 나는 논술 공부의 ABC를 혼자 터득할 수 있는 길을 보여 주었다. 입시 제도의 내용이 자꾸 바뀌면서 논술의 출제 경향이나 문제 난이도가 바뀌는 것은 어쩔 수 없다. 하지만 우리는 그런 변화를 관통하는 원리를 찾아내야 한다. 이 책에서는 '5+1 유형'(요약, 비교, 설명, 비판, 견해 그리고 적용)과 유형별 대응 방법을 그 원리로 제시했다. 학생들은 이 책에 나오는 문제들을 한 번씩 스스로 풀어 보면서 대응 방법을 익히고, 자기가 지망하는 대학 홈페이지에 공개되어 있는 기출 문제를 찾아 차분하게 풀어 보기 바란다. 목표 대학을 확실히 정했다고 해서 그 대학 문제만 풀 필요는 없다. 학교별 출제 경향은 달라질 수 있고, 5+1 유형을 다양하게 접해 본 사람이라면 학교의 출제 경향이 예년과 달라도 금세 적응할 수 있을 것이다.

나는 이 책에서 논술 학원을 가라 또는 가지 마라, 인터넷 강의를 믿어라 또는 믿지 마라 같은 말은 하지 않았다. 이 책을 읽은 사람은 자신의 실력과 부족한 점을 대략 알게 되므로 그것을 토대로 학원이나 인터넷 강의를 택할 때 주체적으로 결정할 수 있을 것이다. 전혀 엉뚱한 강의로 일관하는 학원을 찾아가는 일도 피할 수 있을 것이다.

논술은 신비스러운 과목도 아니고 운이나 암기 지식으로 대처하는 과목도 아니다. 논술은 문제 해결을 위한 글쓰기, 즉 주어진 논제를 해결하는 글쓰기다. 나는 논술에 거창한 의미를 부여하기보다 입시에 임하는 수험생들에게 실질적인 도움을 주고자 했다. 하지만 책을 마무리하는 시점에서 논술에 관한 작은 신념을 고백할까 한다.

나는 논술이 그 어떤 과목보다 인간을 성숙시킨다고 생각한다. 그것은 논술이 서로 다른 생각들을 관계 맺는 기술을 발달시키기 때문이다. 이 입장과 저 입장이 어떻게 다른지, 이 관점으로 저 관점을 어떻게 설명할지, 또 어떻게 반박하거나 지지할지를 고민하다 보면 자연스럽게 세상이란 수많은 생각들이 얽히고설켜 돌아간다는 것을 알 수 있다. 그리고 다양한 생각과 어떻게 공존하여 살아갈지 배우게 된다. 무턱대고 한 입장만을 떠받들고 다른 입장을 근거없이 깔아뭉개는 태도로는 좋은 점수를 받을 수 없을뿐더러 타인과 공존하는 것도 불가능하고, 민주적인 공동체를 이룰 수 없다. 논술 공부를 통해 생각과 생각을 자연스럽게 잇고 오가는 관계의 기술을 익히고 그것이 결과적으로 여러분의 인생을 풍요롭게 만들기를 바란다. 물론 원하는 대학에 합격하는 건 기본이고 말이다.

한 번 더, 논술의 TIP!

1. 논제는 정확하게 읽자.

2. 문장은 간결하게 쓰자.

3. 비교는 선명하게 하자.

4. 객관에서 주관으로 나아가자.

5. 설명은 다각적으로 하자.

6. 견해는 대담하게 펼치자.

7. 근거는 구체적으로 들자.

8. 단락은 300자 전후로 나누자.

혼자서 끝내는 논술 공부
구조를 알면 공부법이 보인다

발행일   2014년 8월 25일(초판 1쇄)
2016년 7월 25일(초판 2쇄)

지은이   오준호
펴낸이   이지열
펴낸곳   미지북스
서울시 마포구 성암로 15길 46(상암동 2-120번지) 201호
우편 번호 121-830
전화 070-7533-1848   팩스 02-713-1848
mizibooks@naver.com
출판 등록 2008년 2월 13일 제313-2008-000029호
책임 편집   권순범
출력   상지출력센터
인쇄   한영문화사

ISBN   978-89-94142-35-7 43700
값 12,800원

· 블로그 http://mizibooks.tistory.com
· 트위터 @mizibooks
· 페이스북 http://facebook.com/pub.mizibooks